Martin Lehmann

AUSWANDERN, *Ankommen,* GLÜCKLICH SEIN!

Inkl. All in One-Checkliste

Der kompakte *Schritt für Schritt-Praxisguide* mit den wichtigsten Dingen, die sie für eine erfolgreiche Auswanderung wissen sollten

1. Auflage
2022

ISBN: 978-3-949675-18-8

Inhaltsverzeichnis

Über den Autor

Martin Lehmann wurde 1987 geboren und verfügte Zeit seines Lebens über einen starken Drang zur Freiheit. Diesem folgte er endlich im Jahre 2018, als er nach Bulgarien auswanderte. Dort plante er, sich ein neues Leben aufzubauen. Stattdessen aber war der Drang nach Freiheit stärker und von 2019 bis 2021 befand er sich auf Weltreise.

Er besuchte viele attraktive Länder, die sich für eine Auswanderung lohnen. Dabei erkannte er nicht nur wichtige Unterschiede in der Kultur, Bürokratie und Steuerpflicht. Er fand auch heraus, wie einfach es sein kann, in diese Länder einzuwandern oder dort einfach als Tourist für eine Zeitlang zu verweilen.

Wie so viele andere Auswanderer vor ihm machte auch Martin Lehmann den einen oder anderen Fehler bei der Auswanderung. Um anderen Landsleuten diese Fehler zu ersparen, traf er sich mit vielen anderen Deutschen im Ausland und tauschte mit diesen seine Erfahrungen aus. Daher finden Sie in diesem Buch eine tolle Anleitung mit vielen erprobten Hinweisen, wie Sie richtig Deutschland den Rücken kehren können.

Auch sammelte Martin viele Erfahrungen damit, wie sich im Ausland Geld verdienen lässt. Am besten sind dabei die Wege, die das

Internet bietet. Damit können Sie sogar ortsunabhängig und ständig auf Reisen Ihren Lebensunterhalt verdienen. Auch dafür gibt er Ihnen in diesem Buch eine gute Anleitung und wichtige Hinweise.

Vorwort

Denken Sie darüber nach, Deutschland den Rücken zu kehren? Sind Ihnen die Steuern hierzulande zu hoch, fühlen Sie sich durch die Gesetze bevormundet und verlangt es Sie nach Freiheit? In diesem Buch erfahren Sie, wie es Ihnen gelingt, der Gängelung und den Einschränkungen zu entkommen.

Auf den nächsten Seiten werden Sie auf eine Reise von den Vorbereitungen über die Auswanderung bis hin zu ständigen Reisen oder dem Aufbau eines neuen Lebens an einem Ort geführt. Damit sind Sie in der Lage, sich selbst auf diesen Schritt vorzubereiten und ihn richtig zu planen.

Ganz wichtig ist, dass Sie mit dem hier zur Verfügung gestellten Wissen typische Fehler bei der Auswanderung vermeiden können. Damit sparen Sie nicht nur Geld, sie ersparen sich auch viel Ärger. Zusätzlich können Sie mit der richtigen Vorgehensweise auch wieder nach Deutschland zurückkehren, sollten Sie sich irgendwann einmal dazu entscheiden.

Natürlich brauchen Sie im Ausland auch ein Einkommen. Das geht zum Beispiel über einen Job vor Ort. Viele Menschen wollen jedoch einfach nur auswandern und online Geld verdienen. Damit erhalten

Sie die komplette Freiheit und auch dafür gibt es in diesem Buch viele wertvolle Hinweise.

Es kommt aber nicht nur darauf an, ein aktuelles Einkommen aufzubauen. Sie müssen sich auch um Ihre Altersvorsoge kümmern. Auch dazu erhalten Sie hinweise, wie Sie Ihr verdientes Geld souverän investieren können und sich daraus einen Lebensunterhalt im Alter erschaffen.

Was ebenfalls nicht fehlt, ist ein Ländervergleich. Diesen finden Sie hier einmal nach allgemeinen Gesichtspunkten und einmal unter dem Blickwinkel der Steuerlast. Damit können Sie sich Ihre Wahlheimat informiert aussuchen. So gelingt nicht nur die Auswanderung, Sie werden auch vor Ort glücklich sein und müssen dann nicht eines Tages zurückkommen.
Disclaimer: Ich möchte Ihnen einen Überblick über die wichtigsten Themen verschaffen, kann jedoch im Rahmen dieses Buchs keine ausführliche rechtliche Beratung leisten, die mit Garantie auf Ihren Einzelfall zutrifft. Gerade Steuergesetze, deren Kommentare und Gerichtsurteile füllen Bücher mit tausenden Seiten. Wenden Sie sich für eine rechtssichere Steuergestaltung unbedingt an einen Steuerberater, der sich auf Auswanderungen spezialisiert hat.

Einleitung

Das Auswandern besteht aus viel mehr, als einfach aus dem Kofferpacken und Ausreisen. Da sind Behördengänge zu erledigen, Verträge zu kündigen und Informationen einzuholen. Auf diese Weise schützen Sie sich nicht nur vor bösen Überraschungen, sondern auch vor Problemen, sollten Sie eines Tages doch wieder nach Deutschland einreisen wollen.

All diese Vorgänge erscheinen kompliziert und das ist auch ein Grund, warum sich viele Menschen damit schwertun, die Entscheidung für das Verlassen ihrer Heimat zu treffen. Das liegt daran, dass viele nicht wissen, wie sich alles ganz einfach anstellen lässt. So haben viele Menschen Angst davor, im Ausland ein Bankkonto zu eröffnen, ein Auto anzumelden oder sich um ihre Krankenversicherung zu kümmern. All das lässt sich aber auch ohne einen deutschen Staat, ohne einen Wohnsitz und ohne einen Arbeitsvertrag erledigen. Sie müssen nur wissen, wie.

Dazu kommt die Sorge um einen Arbeitsplatz. In Deutschland haben Sie vielleicht bereits einen Job und im Ausland wissen Sie nicht, ob Sie einen finden werden. Darüber hinaus haben Sie sich rundherum in Deutschland eingerichtet. Das wollen Sie eventuell nicht so leicht aufgeben.

Die Wahrheit ist jedoch, dass in vielen Ländern Deutsche bevorzugt eingestellt werden. Darüber hinaus können Sie heute leichter den je Ihr Geld online verdienen. Dabei gilt tatsächlich, dass nur Ihr Mindset die Grenzen setzt.

Beim Auswandern ist gerade das Aufbauen eines neuen Lebens, der Ausbruch aus den gewohnten Bahnen und der Erhalt einer zweiten Chance ein wesentliches Moment. So, wie Sie sich in Ihrem Leben eingelebt haben, so begrenzt Sie dieses Leben und hält Sie gefangen. Nutzen Sie die Chance, brechen Sie auf und bauen Sie sich eine neue Existenz auf. Sie werden sich selbst noch einmal kennenlernen, ebenso, wie Sie die Welt mit völlig neuen Augen sehen werden. Sie werden mehr entdecken und mehr erreichen, als Sie jemals für möglich gehalten haben.

Warum Auswandern

Wenn Sie darüber nachdenken, Deutschland zu verlassen, stehen Sie damit auf keinen Fall allein da. Jedes Jahr wandern ungefähr 150.000 Deutsche aus ihrer Heimat aus und bauen sich ein neues Leben im Ausland auf. Einige von ihnen bleiben für immer in ihrem Gastland bzw. ständig auf Reisen, während es rund 100.000 nach einer Weile wieder zurück nach Deutschland zieht.

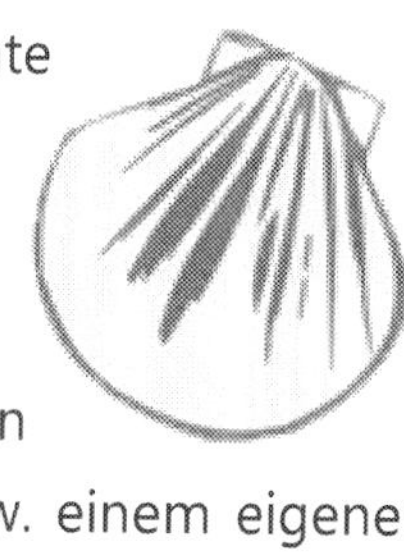

Egal, ob Sie für immer oder nur für eine bestimmte Zeit auswandern wollen, es erwarten Sie tolle Erfahrungen, neue Einblicke und Denkweisen und oft auch mehr Geld für die gleiche oder sogar für weniger Arbeit. Ihr höheres Einkommen kann von einem Job oder einer selbstständigen Arbeit bzw. einem eigenen Unternehmen kommen und die geringeren Steuern spielen auch eine Rolle dabei.

Die neuen Erfahrungen, die bessere finanzielle Situation, die bessere Work Life Balance, all das zusammen bringen ein ganz neues Lebensgefühl. Anstatt sich in einer Tretmühle abzurackern und dann nicht einmal den gesamten Verdienst zu erhalten, erleben Sie, wie andere Menschen die Welt sehen, wieviel Freizeit Sie haben können und wie leicht sich doch viele Dinge erledigen lassen.

Es gibt viele Gründe, Deutschland zu verlassen. Dabei hat jeder Auswanderer oft eine ganz eigene Mischung, die ihn antreibt. Während es dem einen nur um die Steuern geht, möchte der andere weniger Steuern zahlen und gleichzeitig mehr Sommer, Sonne, Strand erleben. Andere suchen die Liebe und wieder andere möchten einfach dort leben, wo sie sich wie in einem dauerhaften Urlaub entspannen können.

Hier finden Sie eine Reihe von Gründen, warum so viele unserer Landsleute ausgewandert sind. Einige davon mögen Ihnen bereits bekannt sein, vielleicht haben Sie sie auch schon selbst in Erwägung gezogen, und andere mögen neu sein. Lesen Sie sie mit einem offenen Herzen. Vielleicht können Sie den einen oder anderen Grund Ihrer persönlichen Motivation zum Auswandern hinzufügen.

Bessere Einkommenschancen

Auch wenn es paradox klingt, gibt es viele Ländern, in denen sich schon mit einfacheren Arbeiten viel mehr als in Deutschland verdienen lässt. Das ist ein wichtiges Entscheidungskriterium, doch dabei sollten Sie auch ein wenig vorsichtig sein. Oftmals verdienen Sie in diesen Ländern mehr, weil auch die Lebenshaltungskosten viel höher sind. Sie müssen also abwägen, inwiefern das Mehr an Verdienst nicht durch ein Mehr an Kosten wieder aufgezehrt wird.

Was sich auch oft lohnt, ist einen geringeren Verdienst in einigen Ländern zu akzeptieren, der jedoch bei den geringeren Kosten für die Lebenshaltung ein finanzielles Plus bedeutet. Gerade in Entwicklungsländern wird für Ausländer, auch und gerade Deutsche, ein in dem jeweiligen Land überdurchschnittlich hohes Gehalt bezahlt. Das mag dann deutlich unter einem deutschen Einkommen liegen, dank der geringen Lebenshaltungskosten aber leicht das Doppelte wert sein.

Wenn Sie zum Beispiel in einem Land in Südostasien nur 1000 Dollar pro Monat verdienen, entspricht das im Vergleich zum Lebensunterhalt dort geschätzt 3000 Euro in Deutschland. Dafür arbeiten Sie dann aber nur ein paar Stunden die Woche mit ganz geringen Anforderungen an die Qualität der Arbeit, was für viel weniger Stress sorgt.

Was sich ebenfalls lohnt, ist, als Selbstständiger zu arbeiten oder ein Unternehmen zu gründen. In den gleichen Ländern, in denen die Lebenshaltungskosten so niedrig sind, wird dies gefördert. Wenn Sie dann Ihr Einkommen durch Kunden aus dem Ausland erwirtschaften, sprich, aus anderen Ländern als Ihr Gastland, wird der

Verdienst die örtlichen Verhältnisse weit übersteigen. Wo sich dann mit 500 Dollar gut leben lässt, verdienen Sie leicht ein paar tausend. Was Sie gerade in den unteren Bereich des Mittelstandes in Deutschland brächte, bringt sie dort in den Bereich der Oberschicht.

Die Steuern

Ja, es stimmt. Eigentlich verdienen wir nicht schlecht in Deutschland. Wir sehen das Geld jedoch nicht, denn zuerst einmal nimmt sich der Fiskus seinen Anteil, bevor das Gehalt unser Konto erreicht. Neben Deutschland kämpfen auch die Österreicher mit hohen Steuern, während in vielen anderen Ländern, darunter auch die Schweiz, die Abgaben viel geringer sind.

Auf das Jahr gerechnet, arbeiten Sie bis zu 6 Monate nur für den Staat. Erst danach erhalten Sie selbst, was Sie verdienen. Das betrifft vor allem Singles ohne Kinder. In anderen Ländern sind die Steuerlasten so gering, dass Sie auch mit einem deutlich geringeren Brutto ein deutlich höheres Netto erhalten.
Zusammen mit den Lebenshaltungskosten, die deutlich geringer sind, haben Sie nun die Wahl. Sie können so viel und so schwer arbeiten wie in Deutschland, und sich an dem größeren Netto erfreuen. Sie können aber auch das Netto verringern, so dass Sie noch immer genug haben, dafür aber viel weniger arbeiten.

Oft lassen sich Arbeitsverhältnisse flexibel gestalten und sogar stundenweise abrechnen. Dann können Sie für einen vergleichbaren Lebensstandard einfach nur die Hälfte der Wochenarbeitszeit arbeiten. Das geht sogar noch einfacher, wenn Sie selbstständig unterwegs sind. Dann liegt es nur an Ihnen, wie viel Sie arbeiten, um Ihren Lebensunterhalt zu verdienen.

Geringe Kosten für den Lebensunterhalt

Die Kosten für den Lebensunterhalt sind in vielen Ländern geringer. Sicher, es gibt hier auch deutliche Ausnahmen, wie zum Beispiel Australien, wo die Kosten viel höher sind. Doch es lassen sich leicht und dann auch noch recht viele Länder finden, wo die Lebenshaltungskosten deutlich unter denen in Deutschland liegen. Dort lässt sich dann auch mit einem geringeren Einkommen am Ende des Monats noch mehr Geld sparen als hierzulande.

Ganz besonders interessant sind geringe Lebenshaltungskosten auch für diejenigen, die sich bereits gute Finanzmittel angespart haben. Diese reichen in Südostasien und Mittelamerika deutlich länger. Dabei können Sie sich sogar einen guten Lebensstil erlauben. Gerade der Gang ins Restaurant mit einheimischem Essen, die Nutzung eines Taxis oder das Mieten eines Apartments sind dort viel günstiger. Auch ein Einkommen aus digitaler Selbstständigkeit bringt hier viel mehr.

Eine international anerkannte und sogar bessere Ausbildung

Viele Branchen arbeiten heutzutage nur noch international. Das heißt aber auch, dass ein Abschluss von einer renommierten Universität, wie zum Beispiel Harvard oder Oxford, Sie weiterbringt, als ein Abschluss bei einer Uni in Deutschland.

Das Problem solcher Eliteunis sind jedoch die hohen Kosten. Wenn Sie aber über sehr gute Noten aus Deutschland verfügen, sind Sie dort gern gesehen. Dann wird Ihnen mit einem Stipendium geholfen und Sie bekommen den Abschluss, der Sie schnell weiterbringt.

Der Nebennutzen einer Ausbildung in solchen international berühmten Hochschulen ist es, dass Sie damit auch gleich Ihre sprachlichen Fähigkeiten spürbar verbessern. Das hilft dann auch noch einmal in internationalen Branchen.

Die eigene Karriere

Auslandsaufenthalte erlauben es oftmals, auch die eigene Karriere zu fördern. Das hängt aber sehr stark von der Branche und der eigenen Position innerhalb der Karriere ab. Dennoch ist es so, dass es Länder gibt, die in manchen Bereichen führend sind. Darüber hinaus sind Auslandsaufenthalte und die dabei gemachten Erfahrungen oft sehr nützlich, um in Deutschland eine Beförderung oder eine bessere Position zu erhalten.

Gerade für Frauen kann das sehr hilfreich sein. Gibt es in Deutschland die oft genannte Gläserne Decke, können Sie im Ausland viel leichter in eine Führungsposition gelangen. Das geht besonders gut in Skandinavien. Haben Sie sich dort bewiesen, ist die Rückkehr in eine vergleichbare oder bessere Position in Deutschland deutlich einfacher.

Bessere Voraussetzungen für eine Unternehmensgründung

In Deutschland ein Unternehmen zu gründen, ist nicht unbedingt leicht. Es gibt hohe bürokratische Voraussetzungen und dann ist da noch eine Konkurrenz, die es einem neuen Geschäft sehr schwer macht.

Anders sieht es im Ausland aus. Dort werden die Neugründungen von Unternehmen bzw. der Schritt in die Selbstständigkeit gefördert. Dafür sind die bürokratischen Hürden recht niedrig. Ebenso gibt es geringe Steuersätze mit hohen Freibeträgen und dazu kommen oft noch die günstigeren Lebenshaltungskosten. All das macht es einfach, dort mit einem Unternehmen Fuß zu fassen und sich zu etablieren. Dazu kommen dann oft noch gut ausgebildete Arbeitskräfte, die viel geringere Ansprüche an die Löhne haben.

Eine Fremdsprache fast perfekt beherrschen

Der beste Weg, eine Fremdsprache fast perfekt zu beherrschen, ist es, diese komplett zu leben. Darum legen Studenten Auslandssemester ein. Vor Ort müssen sie dann alles in der Fremdsprache bewältigen, vom Studieren bis zum Einkauf.

Noch besser geht es dann, wenn Sie nicht nur ein Semester, sondern viele Jahre in dem Land, dessen Sprache Sie erlernen wollen, leben. Dann nehmen Sie nicht nur die Worte und Grammatik an, dann erlernen Sie auch die Denkweisen dahinter.
Damit erschaffen Sie sich eine neue Identität, ein neues Ich, ohne dass Ihr altes Ich verschwindet. Sie erweitern sich sozusagen und sind in der Lage, viel mehr zu verstehen und das nicht nur in sprachlicher Hinsicht.

Einfach noch einmal anfangen

Sie haben Ihr Leben. Das heißt, Sie haben bereits einen ersten Versuch hinter sich. Sie haben viel gelernt und jeder macht auch Fehler. Jetzt haben Sie die Chance, an einem neuen Ort, in einer neuen Kultur mit neuen Menschen und einem ganz neuen Setting noch einmal zu beginnen. Jetzt können Sie alle gemachten Erfahrungen nutzbringend anwenden und alles noch einmal besser machen.

In einem neuen Land begegnen Ihnen die Menschen aufgeschlossen, offen und ohne Vorurteile. Dort existiert Ihre Vergangenheit nicht. Auch ist Ihr bisheriges Leben nicht verschwendet. Vielmehr diente es als Ihre Lehre und nun können Sie zeigen, was Sie gelernt haben.

Auch sind die anderen Kulturen bereit, Ihnen viele Fehler, die Sie am Anfang machen werden, zu verzeihen. Die Einheimischen wissen, dass Sie sich mit der Kultur vor Ort nicht auskennen und werden Ihnen helfen. Hier können Sie ein ganz neues Ich kennenlernen und sich auf eine neue Weise ausleben.

Das Klima

Deutschland ist für vieles bekannt, aber nicht für einen Urlaub in der Sonne unter Palmen. Stattdessen gibt es jedes Jahr einen kalten Winter und einen windigen Frühling sowie Herbst. Das Wetter ist nicht nur nervig, es bringt auch gesundheitliche Probleme. So produziert unser Körper mit weniger Sonne auch weniger Wohlfühlvitamine, was auf die Stimmung schlägt. Rheuma und ganz allgemein Gelenkschmerzen breiten sich besonders fühlbar aus, wenn es kalt wird. Dann ist da einfach das Gefühl. Nicht umsonst zieht es uns im Urlaub in den sonnigen Süden.

Das Auswandern in ein Land mit einem entsprechenden Klima ermöglicht das Leben dort, wo andere Urlaub machen. Es gibt all die Sonnentage, die wir in Deutschland missen. Selbst die Regentage halten sich in Grenzen und treten dann in einer mehr oder weniger abgegrenzten Regenzeit auf. Selbst diese Regenzeit ist nicht, was wir in Deutschland erwarten würden. Anstatt eines permanenten Regens beschränkt sich der Niederschlag mit einigen Ausnahmen auf eine Stunde oder weniger in ein oder zwei Tagen.

Viele Dinge gehen einfach leichter, wenn wir nicht am Morgen mit uns selbst kämpfen müssen, weil wir nicht aus dem wohligen Bett steigen und in die Kälte des Morgens gehen möchten. In Ländern mit einem besseren Klima haben wir mehr Energie und alles gelingt irgendwie fast schon von allein.

Eine viel bessere Stimmung

Sehen Sie sich auf der Straße, in der Bahn oder im Büro um, sehen Sie eines ganz besonders oft: verschlossene und griesgrämige Gesichter. Ganz besonders oft fällt das am Anfang der Woche auf. Es kann doch nicht einfach so normal sein, dass jeder verstimmt ist. Tatsächlich ist das auf der Welt auch nicht normal. Gehen Sie in ein anderes Land, entdecken Sie oft genug eine positive Stimmung.

In Südostasien, Südafrika, Australien und Mittelamerika sind die Gesichter fröhlich und freundlich. Dort kommen Sie schnell ins Gespräch und jeder versucht, das Positive zu sehen. Woran liegt dieser Unterschied? An der Sonne, der Kultur oder einfach der Einstellung der Menschen? Wen kümmerts. Wichtig ist, dass sich dort das Leben genießen lässt. Dort herrscht auch bei armen Menschen eine große Freude am Leben, die sich auch schnell auf Sie überträgt.

Eine neue Sichtweise entwickeln

In Deutschland befinden Sie sich in Strukturen, die Sie Zeit Ihres Lebens gewöhnt sind. Dabei wird Ihr Denken durch die Sprache, die Kultur und Ihre Umgebung beeinflusst und sogar bestimmt. In anderen Ländern befinden Sie sich außerhalb dieser Strukturen und lernen neue Sicht- und Denkweisen kennen.

Dazu kommt, dass Sie sehr bald anfangen, in der Sprache Ihres Gastlandes zu denken und Sie sind von Menschen einer anderen Kultur umgeben. Sehr schnell werden Sie sehen, wie sich Ihre Perspektive verändert. Damit haben Sie die Chance, Ihr Bewusstsein zu erweitern und auch das zu überprüfen, was Sie so immer für richtig gehalten haben.

In diesem Bereich ist es auch wichtig, ein wenig gegen Ihre Natur zu arbeiten. So tendieren viele Ausländer im Gastland dazu, sich zusammenzuschließen. Das ist nicht grundsätzlich falsch. Dort bekommen Sie Tipps und Anregungen. Zugleich hält es Sie aber in den alten Denkweisen gefangen. Wenn Sie sich ausschließlich mit Nicht-Deutschen umgeben, seien es die Einheimischen oder aber Einwanderer aus anderen Ländern, können Sie freier alles Hinterfragen.

Auch sind die Rückkehrer nach Deutschland oft diejenigen, die sich im Ausland mehr mit den Angehörigen ihrer Heimat denn mit der einheimischen Bevölkerung umgeben haben. Anstatt sich an die einheimische Lebensweise anzupassen, behalten sie viel ihrer deutschen Kultur bei und tendieren danach zu einer Rückkehr in die Welt, die sie gewöhnt sind.

Freundschaften & Beziehungen

Im Ausland ist es oftmals sehr viel einfacher, neue Freundschaften oder sogar Beziehungen zu entwickeln. Das hat gleich drei wichtige Gründe. Als erstes sind Sie in Deutschland in einem Leben, das eingefahren ist. Damit haben Sie ein Zeitkontingent für die Arbeit, eines für den Einkauf und so weiter. Auf diese Weise haben Sie keine Möglichkeit, neue Leute kennenzulernen. Verlassen Sie dieses eingefahrene Leben, eröffnen sich nicht nur neue Möglichkeiten, Sie sehen diese auch deutlicher.

Weiterhin sind Sie in einem neuen Umfeld, in welchem Sie niemanden kennen. Sie müssen zwangsläufig Leute kennenlernen und daraus entwickeln sich dann oft genug lange haltende Freundschaften.

Der wichtigste Grund jedoch ist, dass die Einheimischen sehr oft viel offener, freundlicher und für neue Freundschaften aufgeschlossener sind, als wir das in Deutschland gewöhnt sind. Damit können Sie es praktisch gar nicht vermeiden, dass Menschen auf Sie zukommen. Das gilt auch im Hinblick auf die Liebe. Gerade in Ländern, die nicht dem westlichen Kulturkreis angehören, ist es relativ leicht, nicht nur Liebe zu finden, sondern diese auch auszudrücken. Beachten Sie dabei aber auch die örtlichen Gepflogenheiten. Oft sind Eheversprechen deutlich bindender als in Deutschland und werden mit Strafzahlungen geahndet, wenn die Hochzeit ausbleibt.

Mehr Toleranz erlernen

Ein Leben im Ausland bringt es fast schon zwangsläufig mit sich, dass Ihre Toleranz wächst. Sie erleben am eigenen Leib, wie es aussieht, Teil einer Minderheit zu sein. Darüber hinaus sehen Sie die Probleme anderer Länder. Besonders in Entwicklungsländern können Sie beobachten, gegen welche Schwierigkeiten die Angehörigen der ansässigen Bevölkerung angehen müssen.

Gleichzeitig erweitern Sie Ihren Horizont und erlernen die Kultur und Denkweisen der Menschen in Ihrem Gastland. Dazu gehören auch ihre Umgangsformen, die Bräuche und die Traditionen. Je mehr Sie erfahren und sich anpassen, desto toleranter werden Sie dabei.

Kehren Sie eines Tages nach Deutschland zurück, werden Sie die Situation der anderen Menschen und Länder viel besser verstehen. Sie werden die Dinge und Geschehnisse unter neuen Gesichtspunkten bewerten und so viel aufgeschlossener gegenüber deren Problemen sein.

Sie wachsen an der Herausforderung

Seinen Wohnsitz ins Ausland zu verlegen oder sogar ständig auf Reisen zu sein, ist ein unheimlich anspruchsvolles Unterfangen. Es ist jedoch möglich und wenn Sie diese Herausforderung meistern, wird Ihnen auch alles andere gelingen. Sie wachsen über sich hinaus, erhalten Selbstbewusstsein und Sie lernen viele neue Seiten an sich kennen und erwerben neue Fertigkeiten.

Dabei ist die Entscheidung nicht einmal endgültig. Sie können nach einer Weile beschließen, wieder nach Deutschland zurückzukehren. Dann können Sie Ihre neuen Talente daheim anwenden und mit neuem Selbstbewusstsein Ihre Ziele in Ihrem Heimatland erreichen.

Weil es möglich ist

Es ist nicht so, dass Sie einfach in Deutschland sitzen müssen. Wenn es Ihnen in Ihrem Heimatland nicht mehr gefällt, steht es Ihnen frei, es zu verlassen. Sie haben als deutscher Staatsangehöriger einen der wertvollsten Reisepässe. Damit bekommen Sie ohne Schwierigkeiten ein Visum in vielen Ländern und in vielen anderen brauchen Sie nicht einmal eines.

Deutsche sind im Ausland gut angesehen und erhalten dort viele Chancen, die ihnen in der Heimat vorenthalten werden. Wenn Sie also fühlen, dass es Sie in die Ferne zieht, sollten Sie dem Gefühl nachgeben und sehen, was Sie alles erreichen können und welche Welten und neue Erfahrungen auf Sie warten.

Das eigene Heimatland verlassen

Jedes Auswandern, egal wohin, besteht daraus, das eigene Heimatland zu verlassen. Der Abschied von der Heimat hat eine Reihe von Vorteilen. Dazu gehören eine Verringerung der Steuern, der Bürokratie und Buchhaltung und eventuell sogar der Aufbau eines eigenen Unternehmens mit einer viel einfacheren Regulierung.

In vielen anderen Ländern sind die Regeln insgesamt viel weniger ausgeprägt als in Deutschland. So entfällt in vielen die Schulpflicht oder auch die Versicherungspflicht. Das hat natürlich auch Nachteile, so gibt es kein Kindergeld mehr und keine Versicherungsleistungen, wenn man keine Versicherung mehr hat.

Das heißt also, hier muss man sich entscheiden. Wer sich vom deutschen Sozialstatt verabschiedet, verabschiedet sich auch von den sozialen Leistungen. Es gibt jedoch eine Ausnahme. Wer mindestens 90% seines Einkommens aus Deutschland erhält, kann eine unbeschränkte Steuerpflicht beantragen. Mit dieser Pflicht kommen dann auch wieder die Sozialleistungen.
Der Hauptvorteil, der für das Auswandern spricht, ist die Freiheit. Auf der anderen Seite verlassen Sie das eigene, das deutsche System, ohne im Ausland unbedingt komplett in das dortige System

einzutreten. Dort sind Sie der Ausländer und dort erhalten Sie die Rechte vor Ort oft nur eingeschränkt.

Ein wenig schwierig wird es für diejenigen, die nicht nur aus Deutschland auswandern, sondern überhaupt nicht woanders ansässig werden wollen. Das heißt, wer international leben und ständig reisen möchte, hat keinen Wohnsitz. Wenn Sie dann ein Bankkonto eröffnen oder eine Versicherung abschließen wollen, brauchen Sie eine Adresse, wo sie leben.

Auch gilt bei dem Wohnsitz zu beachten, dass die Steuerpflicht an diesen gebunden ist. Dabei gilt aber nicht nur, wo dieser angemeldet ist. Es gilt, wo man sich mehr als die Hälfte des Jahres aufhält. Das heißt, wenn Sie an einem Ort länger als ein halbes Jahr wohnen, dort vielleicht sogar Ihren Lebensmittelpunkt aufbauen, sind Sie dort steuerpflichtig. Wenn Sie dann für mehr als ein halbes Jahr nach Deutschland zurückkehren, kann auch dort die Steuerpflicht wieder bestehen. Hier gibt es aber eine Ausnahme für ein Jahr. Das heißt, wenn Sie Deutschland nur für ein Jahr zur Erholung besuchen, entsteht die Steuerpflicht dort nicht erneut.

Auch interessant ist, dass Sie eine Wohnung in Deutschland behalten können. Diese sollten Sie aber nicht für sich nutzen, sondern vermieten. Dann wird Sie nicht als Ihr Wohnsitz angesehen und daraus entsteht dann keine erneute Steuerpflicht in Deutschland.

Auch zu bedenken sind Schulden. Wer Schulden beim Finanzamt hat, kann am Ende ohne einen Reisepass dastehen. Das heißt, hier kann es sein, dass Sie bei der Verlängerung Ihres Reisepasses nachweisen müssen, dass Sie dort keine Schulden mehr haben.

Bei Schulden bei anderen, zum Beispiel bei der Bank, ist es wichtig, sich mit den Gläubigern in Verbindung zu setzen. So verlangen einige Banken beim Auswandern automatisch die ganze Kreditsumme zurück. Das heißt, hier sollten Sie nicht einfach so verschwinden, sondern besser alles klären, um später keine Schwierigkeiten zu bekommen.

Alles beginnt mit der Abmeldung

Das Auswandern ist zwingend mit der Abmeldung im Heimatland, sei es Deutschland, die Schweiz oder Österreich, verbunden. Nur auf diese Weise erhalten Sie Ihre Freiheit und lassen Sie die verschiedenen Pflichten der eigenen Staatsangehörigkeit hinter sich.

Die Abmeldung des Wohnsitzes

Die Abmeldung nehmen Sie eine oder zwei Wochen vor der eigentlichen Ausreise vor.
Die Abmeldung geschieht entweder auf dem Amt oder elektronisch. Dafür gibt es ein Formular, in welchem Sie angeben, wann Sie Deutschland verlassen und wohin sie gehen. Hier sind Sie relativ frei, welches Land Sie angeben.

Direkt nach der Abmeldung erhalten Sie ein sehr wichtiges Dokument, die Abmeldebestätigung. Diese müssen Sie unbedingt aufbewahren, denn diese ist sofort nach der Abmeldung und auch in den folgenden Jahren von großer Bedeutung. So können Sie zum Beispiel nur dann Ihre Krankenversicherung in Deutschland kündigen, wenn Sie mit der Abmeldebestätigung nachweisen, dass Sie auswandern. Später kann es in der deutschen Botschaft in Ihrer neuen Wahlheimat notwendig sein, dass Sie bei der Beantragung eines neuen Reisepasses Ihre Auswanderung mit der Abmeldebestätigung belegen.

Der Abmeldevorgang dauert je nach Amt und Sachbearbeiter nur wenige Minuten. Es handelt sich jedoch nur um eine Abmeldung des Wohnsitzes. Gewöhnlich wird damit einhergehend auch das Gewerbeamt informiert, wenn Sie ein Gewerbe angemeldet haben. Zu den weiteren Vorbereitungen gehören das Kündigen der Wohnung und anderer Verbindlichkeiten bzw. Verträge, die nur im Zusammenhang mit einer örtlichen Anwesenheit Sinn ergeben (z. B. Fitnessstudio).

Darüber hinaus müssen Sie sich jedoch auch beim Finanzamt abmelden. Für die Abmeldung beim Finanzamt wird in der ersten Jahreshälfte gewöhnlich Ihr Ausreisedatum als der Stichtag für das Ende Ihrer Steuerpflicht angesehen. Erfolgt die Abmeldung jedoch in der zweiten Jahreshälfte, dann kann das Amt Sie noch für das gesamte Kalenderjahr als steuerpflichtig ansehen.

Ein Zweitwohnsitz in Deutschland

Wer einen Zweitwohnsitz in Deutschland behalten möchte, sollte sich nicht hierzulande abmelden. Das Konzept eines Zweitwohnsitzes besteht nur im deutschen Recht. Das heißt, um einen Zweitwohnsitz hier zu behalten, müssen Sie dann einfach angemeldet bleiben und wohnen die meiste Zeit des Jahres im Ausland. Dann ist Ihr Wohnsitz in Deutschland automatisch Ihr Zweitwohnsitz.

Die 183-Tage-Regel

Generell gilt international eine 183-Tage-Regel. Das heißt, wer 183 Tage im Jahr an einem Ort lebt, gilt als dort wohnend. Daraus ergibt sich die Steuerpflicht in dem Land, wo sich der Wohnsitz befindet.

Nun denken viele aufgrund dieser Regel, dass sie sich nicht mehr in Deutschland aufhalten können. Das stimmt jedoch so nicht. Natürlich können Sie jederzeit nach Deutschland für einen Aufenthalt von weniger als 183 Tagen zur Erholungszwecken oder zum Besuch der Familie zurückkehren. Damit entsteht nicht sofort eine neue Steuerpflicht in Deutschland.

Zu bedenken ist jedoch, dass nach zwei Monaten am Stück in Deutschland bereits die Steuerpflicht wieder entstehen kann. Hier sind Sie jedoch davor komplett sicher, wenn Sie nach zwei Monaten für drei Wochen ausreisen und erst danach wieder nach Deutschland zurückkehren. Können Sie jedoch nachweisen, dass Sie nur zu Besuchszwecken in Deutschland sind, sprich, Ihrer Familie besuchen, können Sie eventuell auch bis zu einem Jahr hierbleiben, ohne dass dadurch neue Pflichten entstehen.

Eine Wohnung in Deutschland

Eine Wohnung in Deutschland kann problematisch werden. Damit kann man Ihnen nachweisen, dass Sie noch immer in Deutschland leben. Daher sollte diese Wohnung nachweisbar für mehr als 6 Monate im Jahr untervermietet sein.

Im Falle einer Untervermietung besteht eine beschränkte Steuerpflicht. Diese bezieht sich auf alle Einkünfte, die aus einer deutschen Kapitalgesellschaft oder Betriebsstätte erzielt werden. Dabei gilt eine Wohnung als Betriebsstätte. Das heißt, dass die Einnahmen aus der Miete in Deutschland nach deutschem Recht versteuert werden müssen.

Die Abmeldung von Kindern

Haben Sie Kinder und möchten Sie diese mitnehmen, sind Sie für Ihre Kinder verantwortlich. Das heißt, Sie können sie abmelden und dann zum Beispiel auf diese Art die Schulpflicht vermeiden. Hier gilt jedoch etwas mehr Vorsicht als bei den Steuern.
Wenn Sie mit Ihren Kindern nach Deutschland zurückkehren, kann das Jugendamt sehr viel schneller als das Finanzamt aktiv werden. Es ist dann auch unerheblich, dass Sie eigentlich ausgewandert sind und Ihre Kinder daheim unterrichten. Befinden Sie sich in Deutschland, auch für eine kürzere Zeit, kann von Ihnen verlangt werden, Ihre Kinder in die Schule zu bringen. Gewöhnlich tritt die Schulpflicht nach 30 Tagen in Kraft.

Sonderfall Schweiz

Grundsätzlich ähneln alle Regelungen in Deutschland auch so den Regeln in der Schweiz. Es gibt jedoch eine sehr wichtige Ausnahme und das sind die Tage. Deren Anzahl wird auf die Hälfte reduziert. Das heißt, dort werden Sie bereits nach 90 Tagen steuerpflichtig, wenn Sie in dieser Zeit für mindestens 30 Tage gearbeitet haben.

Der Fall eines Wohnmobiles

Wer mit einem Wohnmobil unterwegs ist, begründet damit einen Lebensmittelpunkt, wenn es sich länger an einem Ort befindet. Das heißt, wenn Sie sich mehr als 183 Tage mit Ihrem Wohnmobil in Deutschland befinden, stehen Sie hier wieder voll in der Steuerpflicht.

Für das Wohnmobil ist es wichtig, dass Sie ständig nachweisen können, wo Sie sich damit aufgehalten haben. Im Zweifelsfall können Sie einen Wohnsitz im Ausland anmelden und darüber nachweisen, dass Sie sich nicht in Deutschland befunden haben.

Die Steuerpflicht nach der Abmeldung

Die Steuerpflicht besteht nur dort, wo Sie gemeldet sind. Wenn Sie also nirgendwo über einen festen Wohnsitz verfügen, sind Sie theoretisch steuerfrei. Für Deutschland und die universelle Steuerpflicht hierzulande gilt, dass diese allein durch das Auswandern erlischt.

Theoretisch können Sie als ständig Reisender in der Welt ein Geschäft führen, ohne dieses irgendwo anmelden zu müssen. Das liegt einfach daran, dass Sie über keinen festen Wohnsitz und damit auch keinen Sitz Ihres Gewerbes verfügen. Für bestimmte Unternehmen, die sich als Einzelperson führen lassen und die ortsunabhängig sind, ist das an sich kein Problem.

Der große Nachteil ist jedoch, dass Sie ohne einen Sitz des Unternehmens dieses nicht registrieren und dafür keine Steuernummer erhalten können. Das bedeutet, dass einige Klienten oder Kunden mit Ihnen keine Geschäfte machen, da Sie Ihnen ohne Anmeldung entweder nicht trauern oder Sie aber eine Steuernummer und Rechnung von Ihnen brauchen, um Ihre Kosten selbst abzusetzen.

Das Anmelden in Deutschland

Wollen Sie nach einigen Jahren im Ausland wieder nach Deutschland zurückkehren, dann kann es nötig sein, dass Sie einen Wohnsitz im Ausland nachweisen. Nun ist das kein Problem, wenn Sie tatsächlich über einen derartigen verfügen. Ganz anders sieht das jedoch auch, wenn Sie praktisch als Nomade durch die Welt gereist sind.

Verfügen Sie über keinen Wohnsitz im Ausland, können Sie einfach vor einer Rückkehr nach Deutschland zuerst für einige Monate in Österreich oder der Schweiz leben. Melden Sie sich dort an und danach können Sie nach Deutschland zurückkehren und einen Wohnsitz im Ausland, eben Österreich oder der Schweiz, nachweisen.

Die Schulpflicht

und das Kindergeld

Verlassen Sie Deutschland mit Ihren Kindern, dann müssen Sie auch über die Schulpflicht und das Kindergeld nachdenken. Das ist nicht nur finanziell ein Problem, sondern bringt auch schnell das Jugendamt ins Spiel.

Die Abmeldung

Wenn Sie sich und Ihre Kinder abmelden, entfällt theoretisch auch sofort die Schulpflicht. Praktisch sollte die Abmeldung erst eine oder zwei Wochen vor der Ausreise erfolgen und Sie dann auch tatsächlich den Ausreisetermin wahrnehmen.

Befinden Sie sich auch nach der Abmeldung für 30 Tage in Deutschland, sei es, weil Sie noch nicht ausgereist sind oder hier zu Besuch sind, tritt die Schulpflicht wieder in Kraft. Das ist besonders dann ein Problem, wenn Nachbarn Sie beim Jugendamt melden und dort angeben, dass Ihre Kinder nie zur Schule gehen.

Die Schulpflicht

Hier müssen wir nach drei Fällen unterscheiden. Leben Sie in einem anderen Land, das heißt, verfügen Sie dort über einen Wohnsitz, dann gelten für Sie natürlich die lokalen Regeln. Das heißt, erlaubt das Land zum Beispiel das Homeschooling, dann können Sie Ihre Kinder selbst unterrichten. Das ist für Deutschland nicht von Bedeutung und es werden Ihnen hierzulande keine Probleme entstehen. Interessant ist auch, dass die meisten lokalen Regeln auch nur für einheimische Kinder, nicht aber für Ihre, gelten.

Der andere Fall ist das nomadische Reisen rund um die Welt mit Kindern. In einem solchen Fall interessiert es die Länder, in denen Sie sich aufhalten, recht wenig, was Ihre Kinder machen. Das bedeutet, dass niemand Sie zwingen wird, Ihre Kinder in die Schule zu schicken. Das liegt einfach daran, dass Sie sich dort nur für kurze Zeit aufhalten und Sie damit als Tourist angesehen werden. Auch sind die Behörden in Deutschland nicht mehr für sie zuständig, so dass es keine Probleme gibt.

Der dritte Fall ist das Leben als Grenzgänger. Dabei können Sie zum Beispiel ein Einkommen in Deutschland erhalten, aber in einem Nachbarland leben. Wenn Sie zum Beispiel Ihren Wohnsitz in Tschechien haben, können Sie so die Schulpflicht umgehen. In anderen Ländern, wie zum Beispiel Frankreich, gibt es jedoch auch sehr ausgeprägte Regulierungen, so dass sich das weniger anbietet.

Wichtig als Grenzgänger ist jedoch auch, dass Sie zwar der Schulpflicht für Ihre Kinder entfliehen können. Sie bleiben jedoch beschränkt steuerpflichtig, indem Sie Ihr Einkommen aus Deutschland hierzulande versteuern müssen.

Praktisch müssen Sie sich jedoch Gedanken über die Ausbildung Ihrer Kinder machen. Eines Tages brauchen diese einen Schulabschluss. Das heißt zuerst einmal, dass Sie sie ausreichend unterrichten müssen, damit Sie überhaupt in der Lage sind, ein entsprechendes Examen zu bestehen. Zum zweiten heißt das aber auch, dass Sie Ihr Kind entsprechend der Regelung eines Landes in die Schule bringen und darüber die Examen ablegen lassen können.

Dokumente für Ihr Kind

Für Ihr Kind können Sie auch im Ausland, gewöhnlich über die Botschaft, Dokumente beantragen. Dazu gehört zum Beispiel auch der Reisepass. Dafür brauchen Sie wieder die Abmeldebestätigung.

Kindergeld

Haben Sie Ihr Kind und sich in Deutschland abgemeldet, dann erhalten Sie gewöhnlich kein Kindergeld mehr. Es gibt jedoch hier zwei Ausnahmen. Befindet sich Ihr neuer Wohnsitz im EU-Ausland, haben Sie noch immer Anspruch darauf, das Kindergeld zu erhalten.

Die andere Ausnahme besteht darin, dass Sie über einen Wohnsitz im Ausland verfügen, aber mindestens 90% Ihres Einkommens in Deutschland erwirtschaften. Dann können Sie sich hierzulande auf Antrag unbeschränkt steuerpflichtig melden und Sie erhalten wieder alle Sozialleistungen. Dazu zählt dann auch wieder das Kindergeld.

Die Rückkehr in das Heimatland

Möchten Sie wieder in Ihr Heimatland zurückkehren, ist das kein Problem. Ihr Kind wird dann wieder schulpflichtig und entsprechend seiner Fähigkeiten eingeschult. Es kann jedoch für Ihr Kind ein wenig schwer werden, sich dem deutschen Schulsystem anzupassen. Daher müssen Sie hier als Elternteil entsprechend vorarbeiten, um es auf den nötigen Bildungsstand zu bringen.

Ohne einen Wohnsitz

Reisedokumente beantragen

Haben Sie sich in Deutschland abgemeldet und sind Sie ausgewandert, gibt es Situationen, in denen Sie über keinen Wohnsitz verfügen. Das ist zum einen der Fall, wenn Sie ständig nur auf Reisen sind, und zum anderen, wenn es in Ihrer neuen Wahlheimat kein offizielles System zur Anmeldung eines Wohnsitzes gibt. Dennoch brauchen Sie in einem solchen Fall Reisedokumente wie zum Beispiel einen neuen Reisepass, und diese müssen Sie beantragen können.

Abmelden und Staatsangehörigkeit

Ein Missverständnis ist es oft, dass viele glauben, dass Sie staatenlos werden, wenn Sie sich abmelden. Tatsächlich aber behalten Sie Ihre Staatsangehörigkeit. Es gibt dafür sogar eine UN-Regel, die es verbietet, einer Person die Staatsangehörigkeit zu entziehen. Das heißt für Sie, dass Sie mit der Abmeldung in Deutschland hier zwar Ihren Wohnsitz, nicht aber Ihre Staatsangehörigkeit aufgeben.

Für den Reisepass bedeutet das, dass Sie noch immer einen solchen brauchen, er Ihnen nicht aberkannt wird und Sie diesen auch weiterhin beantragen können. Letzteres ist besonders wichtig, da die Gültigkeit des Reisepasses begrenzt ist und Sie ihn daher auch neu beantragen können. Übrigens heißt das, dass Sie auch einen neuen Personalausweis beantragen können, wenn Sie sich im Ausland befinden.

Die Zuständigkeit

Wenn Sie einen neuen Reisepass beantragen möchten, brauchen Sie natürlich ein Amt, das für Sie zuständig ist. Das kann öfter geschehen, als Sie sich das wünschen. Zum einen läuft der Reisepass alle 10 Jahre ab und zum anderen hat er nur eine begrenzte Anzahl an Seiten. Wenn Sie also oft international reisen, zum Beispiel als Nomade, dann ist dieser schnell voll.

Zuständig für die Ausstellung eines neuen Reisepasses sind zuerst einmal immer die Botschaften Deutschlands im Ausland. Das heißt, in welchem Land auch immer Sie sich gerade aufhalten, können Sie von der deutschen Botschaft einen neuen Reisepass beantragen.

Nun gibt es aber nicht in jedem Land eine deutsche Botschaft. Dann brauchen Sie aber nicht zu verzagen, denn es gibt gewöhnlich mindestens ein Konsulat, welches deren Funktion übernimmt. Wenden Sie sich an den zuständigen Konsul und er wird Ihnen einen neuen Reisepass ausstellen.

Nun gibt es die noch selteneren Fälle, dass es weder eine deutsche Botschaft, noch ein deutsches Konsulat in einem Land geben kann. In einem solchen Fall gibt es gewöhnlich ein Abkommen mit einem anderen Land, dessen Botschaft dann die Ausstellung von Reisepässen auch für deutsche Staatsangehörige übernimmt.

Mitunter kann es auch geschehen, dass Sie sich in Deutschland befinden, wenn Ihr Reisepass abläuft. In diesem Fall können Sie direkt in jedem Bürgeramt die Ausstellung eines neuen Reisepasses für Sie beantragen.

Welche Unterlagen Sie brauchen

Möchten Sie einen Reisepass beantragen, brauchen Sie dafür einige Unterlagen. Dazu gehört zuerst einmal Ihr noch gültiger, aber bald ablaufender Reisepass. Auch sollten Sie Ihre Geburtsurkunde und auf jeden Fall die Bestätigung Ihrer Abmeldung in Deutschland mitbringen.
Weiterhin brauchen Sie ein biometrisches Foto. Gerade im Ausland kann es ein Problem sein, einen entsprechenden Fotografen zu finden. Dafür gibt es jedoch in der Botschaft bzw. auf ihrer Internetseite eine Liste an Fotografen, die diese Bilder machen können.

Der zweite Reisepass

In Deutschland und in Österreich gibt es das Privileg, einen zweiten Reisepass ausgestellt zu bekommen. Dafür wird jedoch eine sehr gute Begründung entweder von Ihnen selbst oder aber von Ihrem Arbeitgeber gebraucht. Eine typische Begründung wäre, dass Sie viel in Israel und in arabischen Ländern arbeiten. In einem solchen

Fall könnte ein Reisepass mit einem Visum aus Israel ein Problem werden, wenn Sie ein Visum in einem arabischen Land beantragen.

Eine andere Begründung ist, dass Sie oft in Ländern unterwegs sind, in denen die Beantragung eines Visums regelmäßig sehr lange dauert. Dann können Sie mit einem Pass reisen und zugleich mit dem anderen das Visum beantragen.

Wichtig ist auch, zu bedenken, dass der zweite Reisepass eine kürzere Gültigkeit von nur 6 Jahren aufweist, nicht die 10 Jahre des ersten Reisepasses. Bei der erneuten Beantragung muss dann erneut begründet werden, warum Sie den zweiten Reisepass brauchen.

Der Wohnsitz

Beantragen Sie einen neuen Reisepass, muss gewöhnlich ein Wohnsitz eingetragen werden. Da Sie jedoch über keinen Wohnsitz in Deutschland verfügen, wird gewöhnlich der Standort der Botschaft angegeben. Das heißt, beantragen Sie Ihren Reisepass in Bangkok, steht dann unter Wohnsitz auch Bangkok darin.

Bei Reisen

Beantragen Sie einen neuen Reisepass, dann behält Ihr alter Reisepass auch weiterhin seine Gültigkeit, solange er nicht abgelaufen ist. Er wird erst dann ungültig, wenn Ihnen Ihr neuer Reisepass ausgehändigt wird.

Mitunter dauert die Bearbeitung eines Antrages für einen neuen Reisepass recht lange, bis zu zwei Monate oder sogar mehr.

Befinden Sie sich aber viel auf Reisen, ist es möglich, dass der neue Reisepass bei der Botschaft eintrifft, nachdem Sie das Land schon verlassen haben.

Wenn Sie also wissen, dass Sie bald weiterreisen werden, wenn Sie Ihren Reisepass beantragen, können Sie ihn sich auch gleich an die Botschaft Ihres Ziellandes schicken lassen. Dann erhalten Sie ihn dort ausgehändigt, wenn Sie dort eintreffen und er fertiggestellt ist.

Das Reisen mit einer internationalen Geburtsurkunde

Es wird oftmals behauptet, dass man mit einer internationalen Geburtsurkunde reisen kann, also gar keinen Reisepass braucht. Das ist jedoch falsch. Wer international reist, muss seine Identität mit einem Reisepass nachweisen. Wenn es mal das eine oder andere Land gibt, dass wegsieht und Sie mit einer internationalen Geburtsurkunde einreisen lässt, ist das nur eine Ausnahme. Davon können Sie auf keinen Fall schließen, dass dies immer und überall möglich ist.

Eine Frage der Steuern

Haben Sie sich in Deutschland abgemeldet, kommt schnell die Frage auf, welche Steuerpflichten für Sie bestehen. Dabei wird danach unterschieden, ob Sie sich in einem Land permanent aufhalten oder als Weltenbummler unterwegs sind.

Die Besteuerungssysteme

Staaten verwenden unterschiedliche Systeme, nach denen Sie jemanden besteuern. Eines davon, welches auch so für US-Amerikaner gilt, ist die Besteuerung nach der Staatsangehörigkeit. Das heißt, sind Sie Staatsangehöriger der USA, dann müssen Sie ganz egal, wo Sie sich aufhalten, Steuern in Amerika bezahlen. Dafür gibt es bestimmte Sätze, an die Sie sich halten müssen.

Für US-Amerikaner gibt es jedoch einen Grund zum Aufatmen. Leben diese überwiegend im Ausland, das heißt, mehr als 300 Tage im Jahr, erhalten sie einen Steuerfreibetrag von rund 100.000 Dollar.

Das gängigste System ist das Residenzsystem, bei dem Sie nach Ihrer

Residenz, also dem gewöhnlichen Aufenthaltsort des Landes, steuerpflichtig werden. Danach müssen Sie für jedes Einkommen, welches Sie verdienen, Steuern abführen. Das gilt ganz unabhängig davon, in welchem Land Sie dieses Einkommen erwirtschaften.

Ein weiteres System ist das Domizilsystem. Danach wird nur das Geld besteuert, welches Sie in diesem Land, wo Sie Ihr Domizil haben, verdienen. Dazu wird auch jedes Geld versteuert, welches Sie im Ausland verdienen und in das Land Ihres Domizils überweisen. Das heißt, verdienen Sie Geld außerhalb des Domizillandes und überweisen Sie sich dieses nicht an Ihren Wohnsitz, wird es auch nicht versteuert.

Daneben gibt es eine Reihe von Sonderprogrammen, die sich nach dem einzelnen Land richten. Dazu gehören auch sehr hohe Freibeträge und bestimmte steuerliche Erleichterung bei der Gründung eines Unternehmens.

Das System der Territorialbesteuerung wiederum erhebt nur Steuern auf das Einkommen, das im Land selbst verdient wird. Daneben gibt es weltweit noch rund 20 Staaten, die komplett steuerfrei sind. Dazu gehören die Bahamas, Monaco und Brunei.

Ein Unternehmen im Ausland

Nun kommt oft die Idee auf, einen Wohnsitz in Deutschland zu behalten, aber das eigene Unternehmen im Ausland zu gründen und zu führen. Dort soll es dann von den geringeren Steuern profitieren. Das ist an sich so machbar, doch dafür müssen mehrere Voraussetzungen erfüllt werden.

Zum ersten muss das eigene Unternehmen auch tatsächlich im Ausland tätig sein. Wenn Sie mit Ihrem Unternehmen hauptsächlich in Deutschland unterwegs sind, gilt dessen Standort in steuerlicher Hinsicht automatisch als in Deutschland befindlich. Dazu gehört auch, dass Ihr Unternehmen sich im Ausland befindet, aber von Ihnen in Deutschland gesteuert wird.

Zum zweiten sind bei einfachen Unternehmen dessen Einkünfte zugleich Ihre Einkünfte und diese werden bei Ihnen versteuert. Wollen Sie keine GmbH oder ähnliches Gründen, um sich als Person und Ihr Unternehmen steuerlich zu trennen, müssen Sie dann auch noch Ihren Wohnsitz ins Ausland verlegen. Sie können Ihren Wohnsitz in Deutschland behalten und auch dort angemeldet bleiben, doch Sie müssen sich mindestens 183 Tage im Jahr an Ihrem Wohnsitz im Ausland aufhalten. Ansonsten greift die universelle Besteuerung in Deutschland auch für Ihr Einkommen, das Sie im Ausland über Ihr Unternehmen erwirtschaften.

Das Außensteuergesetz

Weiterhin kompliziert wird ein Wohnsitz in Deutschland, wenn Sie über ein passives Einkommen, zum Beispiel aus Aktien, im Ausland verfügen. Dazu gehören auch Einkommen aus Investitionen in Unternehmen im Ausland. Auch hier gilt, dass diese nach deutschem Recht besteuert werden. Die Regeln dafür sind jedoch weit komplizierter und sie treffen nicht auf aktiv geführte Unternehmen zu.

Die Besteuerung für Nomaden

Wer nomadisch herumreist und in Deutschland abgemeldet ist, braucht in Deutschland keine Steuern mehr zu zahlen. In den Ländern, in dem Sie sich dann als Nomade aufhalten, gibt es dafür eigene Vorschriften, doch auch diese laufen darauf hinaus, dass Sie dort Ihren Lebensmittelpunkt haben müssen, um besteuert zu werden.

Da Sie aber bald wieder reisen, entsteht dieser Lebensmittelpunkt nicht. Die Faustregel dafür ist, dass der Lebensmittelpunkt entsteht, sobald Sie sich länger als 183 Tage vor Ort befinden oder Mietverträge für eine Immobilie abschließen, die die Dauer von 183 Tage überschreiten. In der Schweiz gilt aber hier bereits eine Frist von 90 Tagen.
Sind Sie ein Staatsangehöriger eines anderen Landes als Deutschland, Österreich oder der Schweiz, kann es auch nötig werden, dass Sie einen Wohnsitz in einem anderen Land nachweisen müssen. Können Sie das nicht, weil Sie ständig reisen, bleiben Sie in Ihrem Heimatland steuerpflichtig.

Ein Unternehmen als Nomade anmelden

Ein Unternehmen als Nomade anzumelden, ist rechtlich nicht mehr notwendig, wenn Sie als einziger in diesem Unternehmen tätig sind und ständig reisen. Dann verfügt nämlich das Unternehmen nicht über einen eigenen Standort und ist dementsprechend nicht gezwungen, sich offiziell anzumelden.

Ohne Anmeldung hat ein solches Unternehmen einen großen Vorteil. Es zahlt keine Steuern. Damit gehören Ihre Profite einfach Ihnen. Es sind aber auch Nachteile damit verbunden. So werden Sie zwar ohne Probleme private Kunden finden, aber keine Gewerblichen. Letztere wollen ihre Kosten, die sie durch Sie erhalten, steuerlich abschreiben. Dafür brauchen sie von Ihnen eine Rechnung mit einer Steuernummer, die Sie aber nicht erstellen können, da Sie nicht steuerlich gemeldet sind. Sie könnten zwar einfach Ihre alte Wohnadresse in Deutschland auf die Rechnung schreiben. Jedoch besteht dann die Gefahr, dass das deutsche Finanzamt annimmt, dass Sie mit einem deutschen Einzelunternehmen tätig sind, dessen Einnahmen unter die Besteuerung fallen.

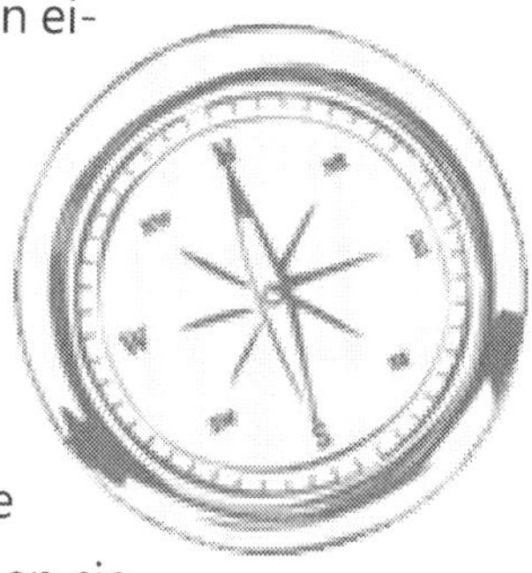

Daneben ist es auch schwer, bestimmte Plattformen zu nutzen, um darüber neue Kunden zu gewinnen. Auch die Plattformen verlangen eine feste Adresse und einen Nachweis dieser. Sie sind als Nomade jedoch kaum in der Lage, so eine Adresse nachzuweisen.

Es ist jedoch möglich, bei einer etwas längeren Verweildauer an einem Standort dort ein Unternehmen zu gründen. Das Problem ist jedoch, dass damit eine Steuerpflicht vor Ort entsteht. Dann aber haben Sie eine Adresse, um sich auf besagten Plattformen anzumelden. Auch erhalten Sie eine Steuernummer, mit der Sie entsprechende Rechnungen ausstellen können.

Für ein solches Unternehmen bietet sich die Gründung als LLC in den USA an. Diese ist relativ schnell erledigt und das Unternehmen erhält eine Adresse und eine Steuernummer. Damit ist das Stellen einer Rechnung möglich. Wichtig ist, dass die LLC kein Geschäftskonto braucht. Stattdessen reicht ein Account zum Beispiel bei PayPal, worüber Sie dann weltweit Ihre Finanzmittel erhalten können.

Es gibt ähnliche Möglichkeiten in vielen anderen Ländern, eine Firma zu gründen und damit aktiv zu werden, ohne viel Steuern zu zahlen und ohne vor Ort zu sein. Auf diese Weise erhält man eine Adresse und eine Steuernummer. So wird ein Unternehmen in Tschechien bis zu einem Einkommen von 75.000 Euro im Jahr mit nur 6% Steuern und 8% Sozialabgaben belegt. Dafür ist es jedoch notwendig, dass Sie in Tschechien über einen Wohnsitz verfügen.

Die Familie als Lebensmittelpunkt

Dass sich die Besteuerung nach dem Lebensmittelpunkt richtet, hatten wir hier schon erwähnt. Das heißt, wo Sie sich 183 Tage im Jahr aufhalten, befindet sich der Mittelpunkt Ihres Lebens und dort werden Sie besteuert. Das ist als Regel jedoch noch nicht komplett.

Tatsächlich sind die 183 Tage eher ein Anhaltspunkt und die Abmeldung in Deutschland nur ein Indiz. Ein Lebensmittelpunkt lässt sich auch aus anderen Umständen ableiten. Wenn Sie zum Beispiel weltweit reisen wollen, aber über eine Frau oder einen Mann und dazu noch Kinder in Deutschland verfügen, gilt Ihr Lebensmittelpunkt auch als in Deutschland befindlich. Dann zahlen Sie weiterhin Steuern hier.

In Deutschland Steuern zahlen

Wie schon erwähnt, gibt es mehrere Gründe für eine Steuerpflicht in Deutschland, auch wenn Sie sich hier nicht mehr befinden. Dazu gehört auch, dass Sie ein Einkommen in Deutschland erwirtschaften oder hierzulande eine Wohnung vermieten.

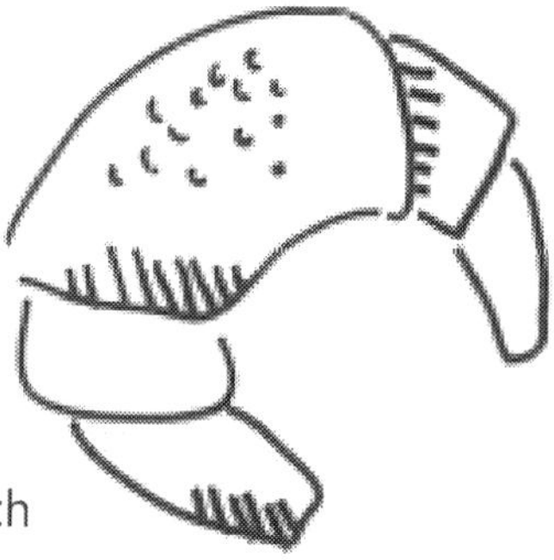

Befinden Sie sich nicht in Deutschland, müssen aber hier Steuern zahlen, kann es schwer werden, eine Steuererklärung einzureichen. Dafür bietet es sich an, dass Sie damit einen Steuerberater vor Ort beauftragen. Dieser kümmert sich um Ihre Steuerangelegenheiten und beantwortet auch Fragen des Finanzamtes. Damit sind Sie abgesichert.

Die Vorsorge
für das Alter

Auch im Ausland möchten Sie vielleicht für Ihr Alter vorsorgen. Vielleicht haben Sie auch schon jahrelang in die deutschen Systeme eingezahlt und möchten sich irgendwann Ihre Rente auszahlen lassen. Welche Optionen stehen Ihnen darüber hinaus als noch sehr junger Mensch zur Verfügung, bevor Sie überhaupt in die Rentensysteme eingezahlt haben?

Nachdem Sie bereits in die deutsche Rentenversicherung eingezahlt haben

Verfügen Sie über eine Rentenversicherung in Deutschland und haben Sie sich abgemeldet, dann stehen Ihnen noch immer Ihre Ansprüche zu. Alternativ können Sie sich auch Ihre Beiträge auszahlen lassen. Das ist jedoch ein kompliziertes System. Dafür dürfen Sie nur höchstens 5 Jahre eingezahlt haben. Nach mindestens zwei Jahren können Sie einen Antrag auf die Auszahlung der Beiträge stellen. Diese erhalten Sie dann minus einer Verwaltungsgebühr überwiesen.

Haben Sie bereits mehr als 5 Jahre eingezahlt, dann können Sie sich die Beiträge nicht auszahlen lassen. Dafür aber haben Sie am Ende die Ansprüche als Rente. Wenn Sie diese ausgezahlt bekommen, wird sie auch sofort besteuert. Das gilt ab dem ersten ausgezahlten Euro, also ohne Freibetrag.

Es gibt jedoch Ausnahmen. Gibt es ein Doppelbesteuerungsabkommen zwischen Ihrer neuen Heimat und Deutschland, dann werden Sie nur am Land Ihres Wohnsitzes besteuert. Dort können die Steuersätze durchaus niedriger sein.

Erhalten Sie bereits Ihre Rente monatlich gezahlt, dann können Sie noch immer auswandern. Das ist sogar viel leichter, weil es viele Länder gern sehen, wenn Rentner bei ihnen einwandern wollen. Dafür gibt es sehr leichte Regeln für die Visa und oft auch Minimalwerte für die Rente, die nachgewiesen werden muss.

Die Rente wird auch in diesem Fall in Deutschland besteuert, es sei denn, dass ein Doppelbesteuerungsabkommen besteht. Ohne dieses kann sogar eine doppelte Besteuerung entstehen, indem Ihre Rente zuerst in Deutschland und dann noch einmal in Ihrer neuen Wahlheimat besteuert wird.

Ihre Vorsorge ohne die deutsche Rentenversicherung

Haben Sie die Sozialsysteme verlassen, sind Sie für Ihr Altersvorsorge selbst verantwortlich. Das heißt, Sie müssen nun einen Weg finden, mit dem Sie genügend Finanzmittel für Ihr Alter ansparen oder verdienen können. Das schließt diverse Möglichkeiten der Investition oder Versicherungen mit ein.

Wenn Sie ein wenig risikobereit sind und dafür potenziell eine hohe Rente erhalten möchten, investieren Sie in Kryptowährungen. Das Risiko dabei ist jedoch, dass diese sang- und klanglos wieder verschwinden oder dass Sie bei einem Hackerangriff oder auf anderen Wegen alle Coins oder Tokens verlieren.

Sind sie etwas weniger risikobereit, lohnen sich Investitionen auf dem Aktienmarkt. Hier kann das Risiko noch einmal eingestellt werden, indem Sie zum Beispiel mit mehr Risiko und potenziell mehr Profit direkt in Aktien einsteigen. Durch eine breite Diversifikation mit ETFs senken Sie Ihr Risiko. Ebenso wie bei anderen Investitionen kommt hier ein Zinseszinseffekt dazu, der für ein relativ großes Einkommen sorgt, wenn Sie tatsächlich in Rente gehen wollen.

Eine weitere Möglichkeit, die relativ sicher ist, ist eine private Versicherung abzuschließen, die dann eine Rente auszahlt. Das gibt es in Deutschland, aber auch in vielen anderen Ländern. Hier kann jedoch die Höhe der Rente eher gering ausfallen, wofür aber auch das Risiko geringer ist.

Das einfache Sparen auf Sparkonten rechnet sich aufgrund der Inflation nicht.

Andere Möglichkeiten sind Investitionen in Immobilien. Es kommt immer darauf an, was in Ihrer neuen Wahlheimat möglich ist oder worauf Sie als ständig Reisender zugreifen können. Darüber hinaus ist es auch immer wichtig, zu bedenken, dass sich unsere Welt ständig verändert. Was heute eine gute Investition ist, kann in den nächsten 20 bis 30 Jahren ganz anders aussehen. Aus diesem Grunde gilt es im Bereich der Altersvorsoge auch immer flexibel zu bleiben.

Ein Beispiel ist die Einführung eines bedingungsloses Grundeinkommen, das in einigen Staaten, darunter auch Deutschland, erörtert wird. Das macht dann das Erfordernis einer Altersvorsorge ohnehin hinfällig. Das heißt jetzt nicht, dass Sie nicht planen sollten, doch es heißt, dass Sie auch nicht zu starr und langfristig gebunden vorgehen sollten.

Die finanzielle Realität außerhalb Deutschlands

Wenn Sie nun hören, dass Sie selbst investieren müssen, sparen sollen oder eine Versicherung, die Ihnen eine Rente auszahlt, abschließen müssen, kommt schnell eine Frage auf. Diese läuft darauf hinaus, dass Sie nicht wissen, wie Sie das finanziell stemmen sollen. Das Problem ist dabei jedoch, dass Sie oft von Ihrer Lage in Deutschland ausgehend denken.

Wenn Sie Deutschland verlassen, verändert sich einiges für Sie. Dazu zählt, dass Sie weniger Steuern bezahlen. Auch bezahlen Sie in vielen Ländern weniger für die Miete. Sie mögen dort eventuell auch weniger verdienen, doch das fällt dann aufgrund der geringeren Abzüge und Kosten weniger auf. Das heißt, Sie werden schnell mehr als genug Geld haben, um einen kleinen Betrag zur Seite zu legen und diesen zu investieren oder zu sparen.

Das Gleiche gilt auch, wenn Sie bereits eine Rente erhalten. Selbst wenn Sie gering ist, zum Beispiel nur 500 Euro im Monat, können Sie damit in vielen Ländern sehr gut leben. Zum Beispiel sind Sie damit in Thailand schon einfach mal im Mittelstand unterwegs.

Ein anderes Problem ist, dass die Rente in Deutschland aufgrund der Demographie in Gefahr ist. In anderen Ländern haben Sie die Möglichkeit oder sind vielleicht auch gesetzlich gezwungen, in die dortigen Rentensysteme einzuzahlen. Je nach Land sind diese dann oft sogar gesicherter als in Deutschland. Das heißt, es ist wahrscheinlicher, dass Sie aus Ihren Einzahlungen dort eine akzeptable Rente erhalten.

Schützen Sie Ihr Geld

Denken Sie nicht immer nur daran, Geld zu verdienen. Es ist auch wichtig, das Geld zu schützen. Es ist immer möglich, dass Sie in

Schulden geraten. Dann ist es besser, wenn Ihr Geld zum Beispiel in einer Stiftung festliegt. Sie können die Stiftung verwalten und so die Finanzmittel nutzen, ohne dass Gläubiger darauf zugreifen können.

In verschiedenen Ländern lassen sich solche Stiftungen gründen, doch nicht immer ist das einfach. So sind diese in einigen Staaten sehr teuer und mit viel Bürokratie verbunden, während sie in anderen Ländern sehr leicht einzurichten und sehr günstig zu unterhalten sind.

Gute Länder sind Staaten in der Karibik und Panama und weniger gut geeignete sind Deutschland, Österreich oder Liechtenstein. Sie brauchen dafür nicht einmal in diesem Land zu wohnen. Sie sollten nur auf die gesetzlichen Regeln achten, dass zum Beispiel die Gelder darin sicher sind und ob die Stiftung wieder aufgelöst werden kann. Das ist nicht immer möglich.
Ist eine Stiftung wiederauflösbar, können Sie sich das darin enthaltene Vermögen zuschreiben lassen, doch dann bezahlen Sie dafür Steuern. Auf der anderen Seite sind Gelder, die Sie in die Stiftung eingezahlt werden, je nach Land unterschiedlichen Steuersätzen unterworfen. Das kann von steuerfrei über Schenkungssteuern bis zu speziellen Steuern für eine Stiftung reichen.

Ein Auto

ohne Wohnsitz zulassen

Sind Sie ein ständig Reisender, dann verfügen Sie über keinen festen Wohnsitz. Da sieht es auf den ersten Blick sehr schwer aus, ein Auto anzumelden. Das ist jedoch einfacher, als Sie denken und es geht auch so in Deutschland, Österreich und der Schweiz.

Ein Bevollmächtigter

Um ein Auto in Deutschland, Österreich oder der Schweiz anzumelden, braucht man eine Person in dem alten Heimatland. Das kann ein Familienangehöriger oder ein Freund sein. Im Prinzip ist es möglich, dass diese Person das Auto auf seinen Namen anmeldet. Das ist jedoch nicht empfehlenswert, denn dann ist diese Person für alles, was mit dem Auto zu tun hat, verantwortlich.

Ein anderer Weg ist es, die Person in Deutschland, Österreich oder der Schweiz als Ihre Briefanschrift anzugeben. Sie können dann selbst zum Amt gehen und über diese Adresse Ihr Auto anmelden. Wichtig ist jedoch in einem solchen Fall, dass

Sie das Auto auf sich anmelden, ohne in Deutschland bzw. Ihrem Heimatland gemeldet zu sein.

Auf dem Amt kennen nur wenige diesen Weg, obwohl er gesetzlich vorhanden ist. Ziehen Sie sich also sehr gut an, seien Sie sehr höflich und bringen Sie viel Geduld mit, wenn Sie auf diesem Weg Ihr Auto in Deutschland, Österreich oder der Schweiz anmelden wollen. Im Zweifelsfall können Sie sich direkt an den Leiter der Dienststelle wenden. Diese werden mehr darüber wissen als die anderen Mitarbeiter, da diese immer nur das wissen, was sie wissen müssen.

Die Person im Inland, die Sie für diesen Weg der Anmeldung nutzen, braucht eine Bevollmächtigung von Ihnen, um für Sie Post entgegenzunehmen. Sie müssen sich dann an die Zulassungsstelle wenden, die für den Bereich, in dem Ihr Bevollmächtigter lebt, zuständig ist.

Welche Dokumente Sie benötigen

Wollen Sie Ihr Auto zulassen, dann brauchen Sie zuerst einmal alle Fahrzeugpapiere, die zu diesem Auto gehören. Auch müssen Sie ein Lastschriftmandat mitbringen, so dass die Behörde alle Kosten von Ihrem Konto abbuchen kann.

Auch brauchen Sie eine Haftpflichtversicherung für das Auto. Dafür bekommen Sie eine EVB-Nummer, die Sie auch beim Amt angeben müssen. Hier kann es schwer werden, die Versicherung zu überzeugen, Sie als Versicherungsnehmer zu nehmen. Normalerweise versichern diese nur Personen, die im Land der Versicherung leben. Am besten sollten Sie nicht ansprechen, dass Sie keinen Wohnsitz in

Deutschland haben. Sie geben einfach nur die Adresse Ihres Empfangsbevollmächtigten an.

Weiterhin brauchen Sie die Adresse Ihres Bevollmächtigten und die Bevollmächtigung. Dafür wird ein Formular des Amtes gebraucht, das von der Website des Amtes heruntergeladen werden kann. Füllen Sie es aus und geben Sie es Ihrem Bevollmächtigten und der Zulassungsstelle.

Auch wird Ihr Reisepass, egal von welchem Land, gebraucht. Am Ende muss auch der Empfangsberechtigte mit Ihnen auf die Zulassungsstelle gehen. Auf diese Weise lassen sich Fragen sofort beantworten und alle Probleme vermeiden. Auch Ihr Empfangsberechtigter muss einen Ausweis vorzeigen und darüber hinaus eine Anmeldebescheinigung. Letztere muss anzeigen, dass er im Einzugsbereich der Zulassungsstelle gemeldet ist.

Hat Ihr Empfangsbevollmächtigter keine Zeit, können Sie eine Kopie von dessen Personalausweis und der Anmeldebestätigung vorzeigen. Auch brauchen Sie Ihre eigene Abmeldebestätigung.

Die Dokumente auf einen Blick:

- Fahrzeugpapiere
- Lastschriftmandat
- EVB-Nummer der Haftpflicht
- Empfangsvollmacht für Ihren Bevollmächtigten
- Ihr Reisepass

- Ausweis des Empfangsberechtigten
- Anmeldebestätigung des Empfangsberechtigten
- Ihre Abmeldebestätigung

Die gesetzlichen Grundlagen

Sprechen Sie auf dem Amt mit den Mitarbeitern, kann es nötig sein, dass Sie die rechtlichen Grundlagen kennen. Es ist der §46 FZV Absatz 2, der besagt, dass ein Auto auch ohne einen festen Wohnsitz im Inland angemeldet werden kann. Danach wird nur ein Empfangsbevollmächtigter gebraucht.

Drucken Sie sich den Paragraphen aus und zeigen Sie den Mitarbeitern, auf welcher rechtlichen Grundlage Sie erscheinen. Markieren Sie die entsprechenden Stellen mit einem Marker, um das Finden zu erleichtern. Damit ersparen Sie sich lange Diskussionen.

So bauen Sie sich ein Business auf

Wenn Sie Deutschland verlassen wollen, stehen die Chancen gut, dass es Ihnen dabei um Ihre persönliche Freiheit geht. Um diese zu unterstützen, brauchen Sie ein Einkommen. Damit das Einkommen Sie jedoch nicht erneut einschränkt, bietet es sich an, dieses aus einem eigenen Business zu beziehen. Für die permanent Reisenden ist das sogar fast schon zwingend notwendig, da es so gut wie keinen Job gibt, der mit einem ständig wechselnden Aufenthaltsort kompatibel ist.

Gelegenheitsjobs

Es gibt für die ständig Reisenden eine Ausnahme und das sind kleine Teilzeit- oder Kurzzeitbeschäftigungen, wie ein Kellner oder Friseur. Das Problem ist jedoch das Gesetz. Wer ständig unterwegs ist, wird sehr wahrscheinlich mit einem Tourismusvisum einreisen. Diese verbieten praktisch immer die Aufnahme einer bezahlten Tätigkeit vor Ort.

Online verdienen

Die beste Methode ist es, das Geld online zu verdienen. Das ist in den meisten Fällen sogar ganz einfach, auch wenn es sich für die meisten nicht so leicht anhört. Die unkomplizierteste Variante ist es, ein Freelancer zu werden. Dafür gibt es einige Plattformen im Internet und darüber lassen sich Aufträge finden, die Sie dann auf dem eigenen Computer bearbeiten können. Beispiele dafür sind das Schreiben von Content für Websites oder das Editieren von Videos.

Als Anfänger lassen sich als Freelancer leicht 5 Euro pro Stunde verdienen. In vielen Ländern ergibt das über den Monat ein gutes Einkommen. Haben Sie sich aber erst einmal eine gute Reputation über die Bewertungssysteme mit Sternen und Feedback bzw. Reviews aufgebaut, können Sie leicht bis zu 30 Euro pro Stunde verdienen. Das erlaubt es Ihnen, sich nur zeitweise mit den Aufträgen zu befassen und den Rest Ihrer Zeit als Tourist das jeweilige Land kennenzulernen bzw. sich von der Arbeit zu erholen. Ein einfaches Beispiel wäre das Arbeiten von nur 10 Stunden in der Woche. Das ergibt bei einem Einkommen von 30 Euro die Stunde schon einmal 300 Euro die Woche, was wiederum im Monat 1200 bis 1300 Euro wären.

Als Freelancer bauen Sie zugleich auch Ihr Wissen aus, indem Sie für die Texte recherchieren, und bald werden Sie ein weiteres Business für sich aufbauen können. Dazu gehört zum Beispiel das Affiliate Marketing, bei dem Sie für Shops werben und deren Produkte verkaufen und darüber Prozente verdienen.

Wichtig ist bei diesen Arbeiten, den Kunden zu überzeugen. So sollten Sie immer mehr liefern, als sie versprechen. Das heißt zum Beispiel, als Deadline den Mittwoch anzugeben, aber die Arbeit schon am Dienstag abzuliefern. Auch ist es angebracht, immer ein wenig mehr zu schreiben oder ein wenig besser zu sein, als vereinbart wurde. Auf diese Weise erhalten Sie Stammkunden, über die sich ein relativ beständiger Verdienst erwirtschaften lässt.

Am Ende können Sie sogar daraus eine Agentur machen, indem Sie die Arbeit der Kunden für einen geringeren Preis an andere Freelancer weiterleiten. Dann streichen Sie sich die Differenz ein.

Ein weiterer Weg ist Drop Shipping oder FBA, Fullfilled by Amazon. Das heißt, hier verkaufen Sie Produkte, die dann von anderen direkt an die Kunden gesendet werden. Beim Drop Shipping versendet der Zulieferer direkt an die Kunden und beim FBA versorgen Sie Amazon mit Produkten, die dann dieses Unternehmen verkauft. Sie erstellen die Produktseite, doch Amazon übernimmt den Versand und die Abrechnung.

Bei all diesen Möglichkeiten, selbstständig und örtlich ungebunden Geld zu verdienen, kommt es jedoch ganz besonders darauf an, viel Disziplin mitzubringen. Es ist sehr leicht, an einem Ort, wo Sie arbeiten, aber andere Urlaub machen, einfach mal das eigene Business zu vernachlässigen und dann bald ohne Geld dazustehen.

Um ein Business anzufangen, ist es auch noch wichtig, an sich selbst zu glauben. Gerade am Anfang müssen Sie viel arbeiten und dabei wenig verdienen, um sich einen Namen zu machen. Nach einigen Monaten jedoch können Sie das Pensum reduzieren und die Preise erhöhen. Nach einem Jahr sind Sie dann recht gut dabei und arbeiten wirklich mit dem Laptop unter Palmen.

Ein passives Einkommen

Am Ende ist es jedoch so, dass ein Tag nur 24 Stunden hat. Davon müssen Sie einige Stunden schlafen und Sie wollen sich auch erholen. Das heißt, Ihre Möglichkeiten sind begrenzt. Ein passives Einkommen jedoch erweitert diese Grenzen.
Ein passives Einkommen erlaubt es Ihnen, rund um die Uhr, egal ob Sie arbeiten, schlafen oder am Strand sitzen, Geld zu verdienen. Dafür müssen Sie aber zuerst einmal einen Wert aufbauen, der dann das Einkommen ermöglicht. Entscheidend ist, dass Sie die Leistungserbringung von ihrem persönlichen Zeiteinsatz entkoppeln. Das heißt konkret, dass Sie Ihre Leistung so gestalten, dass Sie diese immer wieder erbringen können, ohne erneut aktiv dafür zu arbeiten.

Eine gute Möglichkeit dafür ist es, einen Blog zu kreieren. Dieser bringt Ihnen Geld über Affiliate Links und Bannerwerbung. Das geht rund um die Uhr. Dabei können Sie den Wert erhöhen, indem Sie Ihren Blog ständig vergrößern. So erreichen Sie mehr Nutzer, die dann auch mehr Ihrer E-Books kaufen oder mehr Links anklicken.

Ein anderer Weg ist es, das Geld zu investieren. Hier bieten sich die bereits erwähnten Kryptowährungen, Aktien, ETFs und dergleichen an. Immobilienbesitz ist auch möglich, aber weniger empfehlenswert, weil Sie einfach nicht vor Ort sind, wenn Sie ständig reisen. Wenn Sie aber an einem Ort ansässig sind, sind Immobilien auf jeden Fall eine Überlegung wert.

Leute einstellen

Leute fest anzustellen, birgt eigene gesetzliche und finanzielle Probleme. Je nach Land, in dem Sie sich befinden, gibt es dafür eigene Vorschriften hinsichtlich der Sozialleistungen, der Steuern und der gesamten Buchrechnung. Darüber hinaus kosten Sie die Angestellten auch Geld, wenn Sie keinen Gewinn machen.

Es lohnt sich jedoch, kleine Sachen auszulagern. Dafür lassen sich Freelancer oder Praktikanten vor Ort nutzen. Als Freelancer sind sie auch international unterwegs, was die Frage der Buchhaltung, Besteuerung und der Sozialleistungen beantwortet. Praktikanten wiederum werden nicht bezahlt, was ebenfalls die Probleme beseitigt.

Andere Freelancer lassen sich dann direkt für die Arbeiten bezahlen, so dass keine Kosten anfallen, wenn es keine Arbeiten gibt. Praktikanten wiederum erbringen die Arbeitsleistung im Gegenzug dafür, dass sie lernen, selbst ein erfolgreicher Freelancer oder Unternehmer zu werden.

Die geistige Einstellung

Am Ende ist es die Einstellung, die das Limit setzt. Viele Leute sind überrascht, wie viel sich mit einfachen Mitteln und Arbeiten im Internet verdienen lässt. Sie versuchen es aber nicht, weil sie denken, dass sie es nicht können, es keinen Sinn macht oder einfach schlecht über Geld denken.

Wollen Sie erfolgreich sein, müssen Sie an sich glauben und es einfach versuchen. Dann werden die Dinge geschehen und der Erfolg sich entwickeln. Danach lernen Sie mehr und mehr und Sie können mehr und mehr verdienen. Am Ende sehen Sie, dass es nur Ihre Einstellung ist, die Ihnen Grenzen auferlegt. Sagen Sie einfach nie, dass Sie sich das nicht leisten können oder das nicht schaffen können. Fragen Sie lieber, wieviel Sie brauchen und was Sie schaffen müssen, um es zu bekommen. Gehen Sie die Herausforderungen an und bald werden Sie sie lösen.

Wenn Sie mehr verdienen wollen, müssen Sie sich einfach wertvoller machen. Je mehr Sie für andere tun, desto mehr werden Sie erhalten. Je mehr Wert Ihre Arbeit für andere hat, desto mehr werden Sie verdienen.

Das Konto

Natürlich brauchen Sie ein Konto dafür, Ihr Geld zu erhalten. Das geht bei kleineren Beträgen und regelmäßigen Einkommen über ein privates Konto. Wenn Sie aber größere Beträge erhalten und diese sogar öfters oder aus exotischen Ländern, dann sollten Sie ein Unternehmen gründen und über das Unternehmenskonto die Gelder erhalten. Dazu später mehr.

Die Krankenversicherung

Wenn Sie sich in Deutschland abmelden, müssen Sie sich auch um Ihre Krankenversicherung kümmern. Das beinhaltet das Abmelden bei der Krankenversicherung in Deutschland und das Finden einer Versicherung im Ausland. Besonders für die ständig reisenden Auswanderer ist letzteres ein wenig komplizierter.

Das System der Krankenversicherungen

Das Thema Krankenversicherung ist natürlich auch mit Angst belegt. Unfälle kommen schnell und unverhofft und auch Krankheiten lassen sich nicht planen. Beides kann jedoch rasch erheblich ins Geld gehen.

Gewöhnlich hängen Krankenversicherungen vom Wohnsitz ab. Besonders in Deutschland, Österreich und der Schweiz gibt es ein gesetzliches System, das die Krankenversicherung zu einem Zwang macht. Das heißt aber nicht, dass es nicht möglich ist, diesen Versicherungen zu entkommen oder dass sie gekündigt werden müssen, wenn Sie Ihre Heimat verlassen.

Krankenversicherungen in Deutschland

Wenn Sie Deutschland verlassen und sich hier abmelden, ebenso in der Schweiz oder Österreich, können Sie freiwillig weiter in Deutschland versichert bleiben. Das geht sowohl bei den gesetzlichen als auch bei den privaten Versicherungen. Die Leistungen beider beziehen sich jedoch nur auf das jeweilige Heimatland. Für das Ausland wird dann eine zusätzliche Versicherung benötigt.

Zusatzversicherungen lassen sich auch in Deutschland oder auch in anderen Ländern abschließen. Dabei ist ein Preisvergleich sehr wichtig, denn mitunter sind die Preise deutlich besser und mitunter sehr viel schlechter.

Internationale Versicherungen

Es gibt neben den landesspezifischen Versicherungen auch internationale Versicherungen. Diese sind sehr viel weniger reguliert und bieten dementsprechend auch viel bessere Konditionen an. Das ist besonders für diejenigen relevant, die ständig reisen.

Diejenigen, die sich im Ausland einen festen Wohnsitz suchen, müssen den Vorschriften des Landes folgen und dementsprechend landesübliche Versicherungen abschließen. Dabei ist es wichtig, festzustellen, wie die Vorschriften dafür sind. So kann es sich auch dort um Zwangsversicherungen handeln, die Sie abschließen müssen, um freiwillige Versicherungen und es kann auch ein System gebe, das überhaupt keine Versicherung vorschreibt. Gerade in Ländern der Dritten Welt sind die Behandlungskosten oftmals so gering, dass sich Krankenversicherungen dort kaum lohnen.

Wichtig ist, den Unterschied zwischen einer Reisekrankenversicherung und einer internationalen Versicherung zu kennen. Eine Reisekrankenversicherung ist nur eine Zusatzversicherung, die neben einer bestehenden Versicherung abgeschlossen wird. Sie gilt nur für wenige Jahre und dann auch nur für Reisen in das Ausland, nicht für einen dauerhaften Aufenthalt außerhalb Deutschlands. Eine internationale Versicherung dagegen zahlt für Behandlungskosten, egal, in welchem Land diese entstehen und gilt zeitlich unbegrenzt.

Internationale Versicherungen lassen sich nach ihren Tarifen auswählen. So können bestimmte Zonen der Erde von einer Abdeckung ausgeschlossen werden, was die Kosten der Prämien senkt. Wenn Sie zum Beispiel nur in Ländern mit relativ geringen Behandlungskosten unterwegs sind, können Sie die teuren Länder ausschließen und zahlen dann nur einen Bruchteil der Beiträge.

Dabei ist es auch wichtig, zu verstehen, dass ein Unterschied zwischen Reisen, Aufenthalt und Reisen zum Zwecke einer Behandlung bestehen. Wenn Sie zum Beispiel die USA als Geltungsbereich Ihrer internationalen Krankenversicherung ausschließen, dann verringern sich Ihre Beiträge erheblich. Das heißt nun aber auch, dass Sie nicht in den USA leben und dort behandelt werden können. Auch können Sie nicht speziell zum Zwecke einer Behandlung in die USA reisen. Was Sie jedoch können, ist, eine Urlaubsreise in die USA antreten und dann werden Behandlungskosten auch immer noch von der jeweiligen Versicherung übernommen.

Weiterhin haben internationale Versicherungen viele Extrapakete. Dazu zählen zum Beispiel Zahnleistungen. Ohne ein solches Paket gibt es nur die normalen Zahnnotfallbehandlungen bezahlt, aber keinen Zahnersatz.

Andere Tarife beziehen sich nur auf bestimmte Behandlungen. So kann zum Beispiel der normale Besuch beim Arzt von Ihnen selbst bezahlt werden und der Gang ins Krankenhaus von der Versicherung.

Auch lassen sich Selbstbehalte festlegen. Auf diese Weise zahlen Sie geringe Beiträge, doch Sie müssen dann im Krankheitsfall so viel zahlen, wie es dem Selbstbehalt entspricht. Das können dann auch schonmal 2000 oder mehr Euros sein.

Darüber hinaus ist zu bedenken, wie die Versicherung zahlt. Bei einigen Versicherungen müssen Sie zuerst einmal selbst zahlen und Sie erhalten die Kosten dann zurückerstattet. Andere Versicherungen dagegen rechnen die Kosten direkt mit den Ärzten und Krankenhäusern ab.

Wenn Sie Kinder haben, müssen Sie diese extra versichern. Es gibt keine Familienversicherung. Bei den geringen Kosten ist das jedoch kein Problem, für jedes Kind einen eigenen Tarif abzuschließen. Gerade für Kinder sind diese auch sehr günstig.

Bei internationalen Versicherungen muss man als junge Person keinen Gesundheitstest vornehmen. Es gibt jedoch Fragen zu Vorerkrankungen, die zu beantworten sind. Diese Vorerkrankungen sind dann für die nächsten Jahre nicht abgedeckt und werden erst nach einer festgelegten Frist in die Leistungen aufgenommen.

Sich bei den Krankenversicherungen im Heimatland abmelden

In Deutschland, Österreich und Schweiz gibt es ein System aus gesetzlichen und privaten Krankenversicherungen. Um eine private Krankenversicherung abzuschließen, müssen Sie sich erst einmal dafür qualifizieren, zum Beispiel durch ein Einkommen in einer bestimmten Höhe, Selbstständigkeit oder in bestimmten Berufsgruppen.

Die Abmeldung aus der privaten Krankenversicherung geht sehr leicht vonstatten. Dafür melden Sie sich einfach beim Einwohnermeldeamt ab. Dort bekommen Sie eine Abmeldebestätigung. Diese zeigen Sie bei Ihrer privaten Krankenversicherung vor und kündigen diese am besten im Büro. Das ist schnell und unkompliziert.

Gesetzliche Krankenversicherungen sind da oft ein wenig anspruchsvoller. Auch hier gilt, dass Sie sich zuerst in Ihrem Einwohnermeldeamt abmelden sollte. Mit der Abmeldebestätigung gehen Sie zu Ihrer Krankenkasse. Bringen Sie zugleich aber auch noch einen Nachweis mit, dass Sie Deutschland wirklich verlassen. Das wäre zum Beispiel Ihr Flugticket. Nur dann können Sie die gesetzlichen Kassen überzeugen, die Kündigung zu akzeptieren.

Mitunter verlangen gesetzliche Krankenversicherungen auch einen Nachweis, dass Sie eine internationale Krankenversicherung abgeschlossen haben. Das ist jedoch gesetzlich nicht notwendig. Es reicht, dass Sie nachweisen, dass Sie Deutschland verlassen, um Ihre Krankenversicherung zu verlassen. Es ist tatsächlich so, dass viele Leute überhaupt keine Krankenversicherung abschließen, wenn Sie in Länder mit günstigeren Preisen reisen bzw. sich dort niederlassen. Dort sind die Behandlungskosten so gering, dass die Kosten einer Versicherung diese weit übersteigen.

Die Anwartschaft

Planen Sie, wieder nach Deutschland zurückzukehren, macht es sich bezahlt, über eine Anwartschaft zumindest nachzudenken. Befinden Sie sich in einer gesetzlichen Krankenkasse, gibt es Altersrückstellungen. Möchten Sie nun erneut eine gesetzliche Krankenversicherung abschließen, kann es sein, dass Sie die Altersrückstellungen nachzahlen müssen, bevor Sie wiederaufgenommen werden. Das gilt jedoch nur für diejenigen, die vorher freiwillig gesetzlich versichert waren.

Alternativ können Sie eine Anwartschaft abschließen. Damit zahlen Sie rund 10% der bisherigen Beiträge weiter, erhalten dafür aber keinen Versicherungsschutz. Was Sie jedoch erhalten, ist, bei Ihrer

Rückkehr zum gleichen Tarif wie vor der Ausreise wieder versichert zu werden.

Arbeiten Sie als Angestellter, hat das keine Bedeutung für Sie. Dann haben Sie einen gesetzlichen Anspruch darauf, von den gesetzlichen Kassen versichert zu werden. Das heißt, die Anwartschaft lohnt sich nur, wenn Sie darüber nachdenken, für immer selbstständig zu arbeiten.

Eine andere Alternative ist eine europäische Krankenversicherung. In dieser können Sie sich versichern, wenn Sie von keiner gesetzlichen oder privaten Versicherung aufgenommen werden. Damit können Sie also das Erfordernis hoher Nachzahlungen umgehen.

Gerade, wenn Sie ein wenig älter sind, kann es sich bezahlt machen, in Deutschland versichert zu bleiben oder die Anwartschaft abzuschließen. Dann sind die Beiträge für internationale Versicherungen auch deutlich höher. Wenn Sie noch recht jung sind, können Sie dagegen internationale Versicherungen günstiger abschließen.

Behalten Sie eine Krankenversicherung in Deutschland, führt das allein nicht zu einem erneuten Aufleben der Steuerpflicht. Wenn Sie allerdings ständig zu Behandlungen nach Deutschland kommen, kann dies jedoch im Einzelfall eine Steuerpflicht begründen.

Keine Krankenversicherung

Ob sich eine Krankenversicherung überhaupt lohnt, hängt nicht zuletzt auch von den Behandlungskosten in dem Land ab, in welchem Sie sich befinden. Wenn Sie zum Beispiel als junge Person eine internationale Krankenversicherung mit vielen Ausschlüssen abschließen, bezahlen Sie vielleicht nur 40 oder sogar noch weniger Euro pro Monat.

Wenn Sie aber in einem Land leben, indem ein Arztbesuch nur 5 US-Dollar kostet und eine Operation weniger als 1000, macht es Sinn, darüber nachzudenken, keine Krankenversicherung zu haben. Zahlen Sie 40 Dollar im Monat, sind das 480 Dollar im Jahr. In zwei Jahren sind die Kosten einer Operation bezahlt.

Wenn Sie sich also in einem medizinisch gesehen sehr günstigen Land befinden, kann sich eine Krankenversicherung eventuell nicht lohnen. Dabei sind die geringen Preise nicht unbedingt ein Hinweis auf die Qualität der Krankenhäuser und Ärzte. Auch in Entwicklungsländern gibt es saubere Hospitäler mit sehr guten Ärzten, die sich Leute mit einem mittleren lokalen Einkommen leisten können. Ein mittleres, lokales Einkommen kann dann im Bereich von 500 Dollar im Monat liegen.

Eines sollten Sie aber bedenken. Wenn Sie richtig schwer erkranken, tragen Sie das Risiko komplett selbst. Da kann es sein, dass Sie ohne eine Krankenversicherung dann doch finanziell überfordert sind. Das heißt, Sie sollten den Kostenvorteil und das Risiko genau gegeneinander abwägen.

Erwarten Sie auch in anderen Ländern keinen Kontrahierungszwang wie in Deutschland. Das heißt, wenn Sie in Deutschland als Kranker oder nach einem Unfall ein Krankenhaus aufsuchen, dann müssen Sie behandelt werden. Das Krankenhaus hat nicht das Recht, Sie abzuweisen, selbst dann, wenn Sie nicht versichert sind.

Wenn Sie jedoch in einigen anderen Ländern, vor allem in Entwicklungsländern, ohne ausreichende Versicherung oder Finanzmittel krank werden oder einen Unfall erleiden, werden Sie an den Krankenhäusern sehr schnell abgewiesen.

Ihre Postadresse

Nachsendungen, Postempfang und Pakete

Auch wenn Sie in das Ausland gehen, brauchen Sie in vielen Fällen eine Postadresse. Darüber können Sie Ihre Briefe, darunter auch amtliche Schreiben, Nachsendungen und Ihre Pakete empfangen. Darüber hinaus ist eine Adresse mitunter auch für das Eröffnen eines Kontos und darüber hinaus für das Impressum auf Ihrer Website von Bedeutung.

Postanschrift, Nachsendungen und amtliche Schreiben

Solange Sie über einen Wohnsitz in Deutschland verfügen, verfügen Sie auch über eine Postanschrift bzw. eine Adresse. Damit sind Sie erreichbar. Das gilt für Ihre Post ebenso wie für amtliche Schreiben. Mit der Abmeldung der Adresse und dem Wegzug aus Deutschland entfällt diese jedoch. Dennoch sollten Sie weiter erreichbar sein.

Für jede Form von Post, darunter auch amtliche Schreiben, sollten Sie einen Nachsendeauftrag erteilen. Das geht bei der Post und kostet nur eine geringe Gebühr. Das klingt nun so einfach, ist es jedoch in den meisten Fällen nicht. Was geschieht, wenn Sie zum Beispiel ständig reisen oder aber an Ihrem neuen Wohnsitz kein verlässliches Postsystem besteht?

Grundsätzlich gibt es kein legales Erfordernis, postalisch erreichbar zu sein. Sie sind jedoch dafür verantwortlich, dass das Amt Ihnen etwas zustellen kann. Daraus ergibt sich, dass Sie selbst nicht die Sendungen empfangen müssen. Es reicht, wenn jemand anderes dafür von Ihnen beauftragt wurde. Dafür eignet sich ein Freund, die Familie oder ein Nachbar.

Derjenige, der für Sie alle postalischen Sendungen empfangen soll, braucht eine Empfangsberechtigung. Diese können Sie ihm formlos ausstellen oder dafür ein Formular der Post verwenden. Dann kann diese Person alle Sendungen für Sie sichten und Sie gegebenenfalls darüber informieren, was wirklich wichtig ist. Damit bleiben Sie handlungsfähig und können auch auf Anfragen von Ämtern reagieren.

Briefe und Pakete empfangen

Möchten Sie Briefe und Pakete empfangen, ist das grundsätzlich kein Problem. Dafür ist kein amtlich registrierter Wohnsitz nötig, sondern nur eine Adresse und vorzugsweise Ihr Name. Das geht über einen neuen Wohnsitz im Ausland, einen Freund im Ausland oder einfach in Ihrem Hotel. Reisen Sie ständig, müssen Sie entsprechend planen und sich die Post dorthin schicken lassen, wo Sie sich zum Zeitpunkt des Einganges wahrscheinlich aufhalten.

Hinsichtlich des Postempfangs gilt jedoch zu bedenken, dass es im Ausland nicht immer so einfach ist, überhaupt etwas zugestellt zu bekommen. So ist die Post in einigen Ländern komplett unterentwickelt, nicht verlässlich oder nicht einmal richtig vorhanden. Darum gilt, erst einmal zu prüfen, ob ein Empfang über den örtlichen Service überhaupt möglich ist. Darüber hinaus sollte jede Sendung neben Ihrem Namen oder dem Namen eines gewählten Empfängers, sowie der Adresse, auch Ihre Telefonnummer enthalten. Dann können Sie im Zweifelsfall telefonisch verständigt werden und die Sendung im Büro abholen.

Neben der Post gibt es auch verschiedene Kurier- und Zustellungsdienste. Diese sind oftmals ein wenig teurer, doch sie sind in der Lage, Ihnen die Sendungen direkt zuzustellen. Hier gilt aber auch, dass Sie auf der Sendung nicht nur den Namen und die Adresse brauchen, sondern auch eine Telefonnummer. Auf diese Weise können Sie dem Dienst Ihren Standort mitteilen. Weiterhin kann die Lieferung zeitlich mit Ihnen koordiniert werden. Das ist ganz besonders in Entwicklungsländern mehr als wichtig.

Machen Sie sich gerade bei Paketen auch auf steuerliche Pflichten gefasst. Haben Sie etwas im Ausland bestellt und lassen Sie es sich liefern, kommen Importsteuern auf Sie zu. Diese können schnell mal 100% des Preises der bestellten Ware betragen. Das hängt natürlich auch von dem Land ab. Gerade in Entwicklungsländern tendieren diese Steuern dazu, eher hoch zu sein.

Lassen Sie sich etwas zusenden, das schon vorher Ihr Eigentum war, können noch immer Steuern auf Sie zukommen. Es ist aber auch oft im Zuge der örtlichen Bürokratie möglich, eine Steuerbefreiung für gebrauchte, eigene Dinge zu erhalten. Der Prozess ist jedoch mitunter nicht so schnell und Sie werden dennoch mit Gebühren belastet, die dann jedoch unterhalb der steuerlichen Kosten liegen. Auch hier gilt, dass dies von Land zu Land unterschiedlich gehandhabt wird.

Die Adresse zur Eröffnung eines Bankkontos

Gewöhnlich wird für die Eröffnung eines Bankkontos eine Adresse benötigt. Das ist jedenfalls das, was Sie von Ihrem Heimatland kennen. Das Ganze sieht jedoch in vielen anderen Ländern ganz anders aus. Dort können Sie auch ohne eine permanente Anschrift ein Konto eröffnen. Alle weiteren Einzelheiten dazu finden Sie in einem eigenen Kapitel.

Das Impressum auf Ihrer Website

Viele Möglichkeiten, Ihren Aufenthalt im Ausland oder Ihre ständigen Reisen zu finanzieren, bietet ein Business im Internet. Wenn Sie dafür eine Website einrichten wollen, was nicht zwingend notwendig ist, können Sie bezüglich des Impressums schnell in Schwierigkeiten geraten.

Die deutschen Gesetze besagen, dass eine Website, die sich an deutsche Nutzer richtet, ein Impressum mit einer ladungsfähigen

Adresse im Inland braucht. Das heißt, das Impressum muss eine echte Adresse zeigen, unter der eine natürliche Person zu finden ist. Ladungsfähig ist diese Adresse dann, wenn sie regelmäßig, am besten täglich, überprüft wird, so dass Gerichtsvorladungen rechtzeitig erhalten werden.

Dieses Erfordernis nach einer ladungsfähigen Adresse in Deutschland besteht auch dann, wenn Sie sich als Betreiber der Website nicht in Deutschland befinden. Es kommt einzig darauf an, ob sich die Website an deutsche Nutzer richtet. In einem solchen Fall müssen Sie einen Zustellungsbevollmächtigten in Deutschland benennen.

Theoretisch sind rein private Websites davon ausgenommen, doch das wird sehr streng geprüft. Bereits ein Banner oder ein Affiliate Link zeigen, dass es sich um eine gewerbsmäßig genutzte Website handelt und schon ist die Impressumspflicht wieder gegeben.

Eine Grauzone sind journalistische oder redaktionelle Inhalte. Da es jedoch in unserem Beispiel um eine Website für ein Online-Business geht, steht es außer Frage, dass damit ein gewerblicher Zweck betrieben wird und die Impressumspflicht besteht.

Es ist auch nicht von Bedeutung, ob Sie selbst sich im Ausland befinden oder ob Sie einen Server im Ausland nutzen. Es kommt einfach nur darauf an, ob Sich die Website mit ihrem Angebot an ein deutsches Publikum wendet und auf irgendeine Weise ein gewerbliches Interesse verfolgt.

Da Sie sich nun nicht selbst in Deutschland befinden, bleiben Ihnen zwei Möglichkeiten. Erstens können Sie eine Person bestimmen, die dann als Administrator in das Impressum eingetragen wird. Das ist jedoch nicht ungefährlich. Über diese Person werden Sie vorgeladen und erscheinen Sie nicht, hält sich das Gericht an die ermächtigte Person. Rechtlich gesehen ist sie komplett für die Website verantwortlich. Das heißt, sie zeichnet dann auch für Urheberrechtsverletzungen oder Verstöße gegen Verbraucherrechte verantwortlich, die durch die Website geschehen.

Eine Alternative ist, eine Adresse in Deutschland für ein virtuelles Unternehmen zu mieten. Dafür gibt es viele einschlägige Angebote im Internet. Damit erhalten Sie verschiedene weitere Leistungen. Dazu gehört, dass Sie nun über eine ladungsfähige Adresse verfügen. Sie können dann auch noch einen Sekretariatsservice und Räume für Meetings erhalten. Dafür gibt es entsprechende Pakete, die Sie auswählen können. Sie müssen dafür aber auch auf jeden Fall die Büroräume selbst anmieten, so dass die Adresse ladungsfähig ist.

Ob Sie damit wieder unter das deutsche Steuerrecht fallen, muss vom Gericht bzw. dem Finanzamt im Einzelfall geprüft werden. Die wichtigsten Faktoren sind der Standort des Büros, der sich mit einem virtuellen Office in Deutschland dann hierzulande befindet, und der Firmenleitung. Da Sie wahrscheinlich nicht in Deutschland sind und das Unternehmen leiten, sowie die meiste Arbeitsleistung außerhalb Deutschlands erbringen, liegt die Vermutung nahe, dass Sie nicht der deutschen Steuerpflicht unterliegen. Dafür müssen dann aber noch andere Umstände, zum Beispiel Kontakte zu anderen deutschen Unternehmen, zusätzlich geprüft werden. Nur eine virtuelle Adresse in Deutschland für ein Impressum allein begründet eine Steuerpflicht hierzulande noch nicht, doch sie kann sie zusammen mit anderen Umständen bewirken.

Ein Bankkonto
eröffnen

Heutzutage sind die Banken weltweit viel strenger reguliert, als das noch vor einigen Jahren der Fall war. Dennoch ist es möglich, im Ausland ein Konto zu eröffnen, ohne dort über einen festen Wohnsitz zu verfügen.

Warum sich ein Konto im Ausland lohnt

Verfügen Sie über einen neuen Wohnsitz im Ausland, lohnt sich ein Konto in Ihrem neuen Gastland schon allein deswegen, um Ihnen die Bankgeschäfte vor Ort zu erleichtern. Damit sparen Sie sich hohe Gebühren für Überweisungen und Wartezeiten, die anfielen, wenn Sie nur Ihr Konto in Deutschland nutzen würden.

Weiterhin wird mit einem Auslandskonto das Risiko, zum Beispiel durch Währungsschwankungen, diversifiziert. Auch sind die Zinsen für ein Guthaben in anderen Ländern oftmals höher als hierzulande.

In einigen Ländern wird für die Eröffnung eines Kontos eine bestimmte Mindestsumme verlangt, doch nicht immer ist das der Fall. Darüber hinaus sind bestimmte Berufe automatisch mit der

Eröffnung eines Kontos verbunden, um die Gehaltszahlungen zu empfangen. Dabei wird vom Arbeitgeber die Bank bestimmt, bei der Sie Ihr Konto eröffnen müssen.

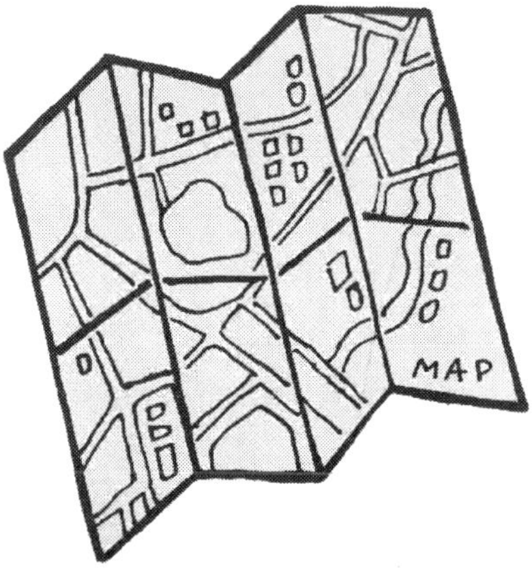

Viel Aufmerksamkeit sollte den Konditionen des Kontos gegeben werden. In einigen Ländern sind die Gebühren für die Kontoführung oder Überweisungen sehr hoch. Dabei gibt es aber oft in den gleichen Ländern andere Banken mit besseren Angeboten.

Pfändungen und das Bankgeheimnis

Der eine oder andere möchte ein Konto im Ausland ganz besonders zu dem Zweck eröffnen, um es vor Pfändungen zu schützen oder es der Einsicht der deutschen Behörden zu entziehen. Hier ist jedoch zu beachten, dass in der EU ein Common Reporting Standard vereinbart ist. Damit können deutsche Behörden Ihr Konto in einem EU-Land ebenso einsehen, als befände es sich in Deutschland. Der Austausch der Informationen zwischen dem Heimatland und dem Gastland erfolgt dabei automatisch.

Auch die Pfändung der Finanzmittel auf dem Konto sind innerhalb der EU sehr unkompliziert und gehen sehr schnell über die Bühne. Dabei sind sogar ohne Weiteres vorläufige Pfändungen durchführbar, über die der Schuldner nicht einmal im Vorfeld informiert wird.

Das soll verhindern, dass die Gelder nicht einfach schnell vorher ausgegeben, einfach abgehoben oder anderweitig versteckt werden.

Befindet sich ein Konto in einem anderen Land, zum Beispiel den USA, dann ist der Kontostand noch immer einsehbar und die Finanzmittel pfändbar. Dabei ist jedoch der Aufwand sehr hoch. So muss ein Pfändungsbeschluss aus Deutschland auch vor den Gerichten des anderen Landes bestehen. Die Prüfung dort kann aber lange dauern und mehrere Instanzen einbeziehen.

Der Kontostand selbst ist jedoch durch einen automatischen Informationsaustausch für deutsche Behörden einfach einzusehen. Dabei erfahren sie alle damit verbundenen Details, wie zum Beispiel die Transaktionen, die mit dem Konto vorgenommen werden. Das gilt aber nur für die Länder, die an dem automatischen Informationsaustausch teilnehmen.

Wenn es Ihnen um einen Pfändungsschutz geht, ist es besser, ein Pfändungsschutzkonto vor Ihrer Auswanderung in Deutschland zu eröffnen. Dann können Sie zumindest Ihren Lebensunterhalt damit sichern.

Wann Sie ein Konto im Ausland eröffnen sollten

Wenn Sie in einem Land arbeiten und dort regelmäßig Ihr Gehalt überwiesen bekommen und selbst dort Zahlungen vornehmen, lohnt es sich, in diesem Land ein Konto zu eröffnen. Wie schon angesprochen, haben Sie in der Praxis in einigen Ländern als

Arbeitnehmer nicht einmal eine Wahl, wenn Sie Ihr Gehalt empfangen möchten.

Ebenso lohnt es sich als Selbstständiger bzw. Kleinunternehmer, in dem Land, aus dem Sie die meisten Überweisungen erhalten, ein Konto zu führen. Auf diese Weise vermeiden Sie die teils sehr hohen Transaktionsgebühren und die Wartezeiten, die damit verbunden sind.

Außerhalb der Eurozone kommt dann noch das Währungsrisiko dazu. Verfügen Sie nur über ein gewöhnliches Konto in Deutschland, werden alle Beträge dort in Euro gebucht, auch wenn Sie sie in Dollar erhalten. Das geschieht zum aktuellen Kurs und unter Abzug der Gebühren für den Umtausch, die die Bank erhebt.

Besser ist es, wenn Sie Geld in anderen Währungen erhalten, es zuerst einmal in diesen Währungen auf ein Konto anzusparen und es dann umzutauschen, wenn die Kurse günstiger sind. Darüber hinaus können Sie Ihr Geld auch in Währungen sparen, die gewöhnlich eine geringere Inflation aufweisen, wie zum Beispiel die Norwegische Krone oder der Schweizer Franken.

Gewöhnlich sind wir es als Deutsche gewohnt, sehr geringe Zinsen zu erhalten. Diese können sogar nach Einrechnung der Gebühren für die Kontoführung ins Negative gleiten. In anderen Ländern lassen sich aber bei einigen Banken sogar bis zu 10 % Zinsen für Sparguthaben erwirtschaften.

So eröffnen Sie ein Bankkonto im Ausland

Haben Sie sich für die Eröffnung eines Bankkontos im Ausland entschieden, liegt bei Ihnen einer von zwei Fällen vor. Der erste ist, dass Sie über einen Wohnsitz im Gastland verfügen, und der zweite ist, dass Sie als ständig Reisender über keinen Wohnsitz verfügen.

Die Anforderungen an die Eröffnung eines Kontos sind gestiegen. Das dient dazu, Geldwäsche und die Finanzierung von Terrorismus zu verhindern. Dafür hat die OECD Standards festgelegt, die auch von den meisten Staaten befolgt werden, die kein Mitglied der OECD sind.

Wenn Sie über einen Wohnsitz in Ihrem Gastland verfügen, können Sie diesen über Ihren Mietvertrag und die Rechnung für die Nebenkosten nachweisen. Damit, sowie Ihrem Reisepass und Visum, können Sie problemlos ein Konto eröffnen.

Als ständig Reisender verfügen Sie jedoch nicht über einen Wohnsitz. Jetzt hängt es zuerst einmal vom Land ab. So gibt es Länder, in denen sich niemand mit seinem Wohnsitz registriert. Mietverträge werden dort mündlich abgeschlossen und die Nebenrechnungen laufen über den Vermieter. In diesen Ländern brauchen Sie sowohl mit als auch ohne Wohnsitz nur Ihren Reisepass und ein gültiges Visum.

Es hilft in einem solchen Fall, sich länger innerhalb des Gastlandes aufzuhalten. Das können Sie gegebenenfalls mit Ihren Visa nachweisen. Dann kommen geringere Mindesteinzahlungen für die Kontoeröffnung in Frage. Aber auch ohne einen längeren Aufenthalt im Gastland ist in solchen Ländern das Eröffnen eines Kontos kein Problem, nur dass Sie dann eben etwas mehr Geld für die Ersteinzahlung aufbringen müssen. Dieses Geld können Sie danach abheben.

Auch in den Staaten, deren Registrierungssystem besser funktioniert oder wo es schriftliche Mietverträge und Rechnungen für Nebenkosten gibt, können Sie auch ohne Wohnsitz ein Konto eröffnen. Dafür gibt es konkrete Angebote der Banken, die dann klar angeben, dass sie für die jeweilige Kontoart keinen inländischen Wohnsitz verlangen.

Die Kontoarten

Für ein Konto im Ausland stehen Ihnen auch in Zeiten strenger Regulierungen grundsätzlich vier verschiedene Kontoarten zur Verfügung. Diese lassen sich in verschiedenen Währungen und ohne Wohnsitz in dem jeweiligen Gastland eröffnen. Dabei müssen Sie aber auch immer noch vor Ort prüfen, welche Möglichkeiten sich in dem jeweiligen Land in Ihrem konkreten Fall bieten.

Ein klassisches Konto außerhalb der EU

Klassische Bankkonten lohnen sich im Ausland immer, solange keine besonderen Gründe dagegensprechen. Das heißt, solange Sie einfach nur Geld in der Landeswährung empfangen, sparen oder überweisen wollen, sind Sie damit gut bedient. Es sollte sich jedoch dabei nicht um exorbitante Erträge mit sehr hohen Frequenzen für die Transaktionen handeln.

Bei der Eröffnung des Kontos müssen Sie allerdings gewöhnlich präsent sein und einige Dokumente mitbringen. Dazu gehört als Mindestes Ihr Reisepass. Es können aber noch andere Dokumente gefordert werden, was jedoch von Land zu Land und Bank zu Bank unterschiedlich gehandelt wird.

Girokonto bei einer Neobank in Europa

Neobanken, wie zum Beispiel Revolut und Wise, erlauben es, Konten in anderen Währungen zu führen. Das heißt, Sie können Gelder in einer gewünschten Währung empfangen, halten und überweisen, ohne dass diese einfach umgetauscht werden. Dabei sind sogar Multi-Währungskonten möglich.

Diese Banken ermöglichen es, das Währungsrisiko gering zu halten. Sie können damit die Gelder, die Sie in einer Währung erhalten, immer erst dann umtauschen, wenn sich der Kurs auch richtig lohnt. Weiterhin sind die Transferkosten für diese Banken eher gering.

Eine Neobank im nicht EU-Ausland

Neobanken auch außerhalb der EU sind auf jeden Fall bereit, auch Ausländern die Eröffnung eines Kontos bei ihnen zu ermöglichen. Das geht sogar online, also ohne dabei wirklich präsent zu sein. Die Anforderungen sind dabei sehr gering und oft genügt es schon, eine gültige Aufenthaltsgenehmigung vorzuweisen. Das ist für diese

Banken oft das einzige Dokument, das sie an ihrem Standort verifizieren können.

Ein Fremdwährungskonto bei einer Bank innerhalb der EU

In jedem Land innerhalb der EU, natürlich auch in Deutschland, bieten Banken auch ein Fremdwährungskonto an. Das heißt, auf diesen Konten können Sie Geld in einer anderen Währung als dem Euro halten, erhalten und überweisen. Damit können Sie das Währungsrisiko verringern, doch Sie müssen noch immer mit hohen Transaktionsgebühren rechnen, wenn Sie Transaktionen in das Ausland vornehmen.

Worauf Sie bei der Eröffnung eines Bankkontos achten müssen

Sobald Sie sich für eine längere Zeit im Ausland aufhalten oder dort als Arbeitnehmer oder Selbstständiger bzw. als Unternehmer arbeiten, brauchen Sie dort ein Bankkonto. Die Länder und Banken vor Ort haben das erkannt und ermöglichen Ihnen dies auch ohne den Nachweis eines Wohnsitzes. Dennoch gibt es einige Punkte, auf die Sie achten sollten, wenn es konkret darum geht, ein Konto zu eröffnen.

Informieren Sie sich zuerst einmal über das Bankensystem vor Ort

Während es internationale Standards gibt, sind nicht alle Länder Mitglieder solcher Abmachungen und auch die, die es sind, mögen es, ihr Bankensystem nach ihren eigenen Vorstellungen aufzubauen. Daher ist es immer erst einmal wichtig, sich über das Bankensystem vor Ort zu informieren.

Für Sie ist es wichtig zu wissen, wie das Bankensystem überhaupt funktioniert und wie gut es an das internationale Bankensystem angebunden ist. Weiterhin müssen Sie wissen, welche Finanzdienstleistungen es gibt und welche Finanzierungslösungen sich bei Bedarf finden lassen. Dabei ist gerade die Verlässlichkeit des gesamten Banksektors einzuschätzen, denn diese unterscheidet sich doch deutlich von Staat zu Staat.

Möchten Sie konkret mit dem Konto arbeiten und zum Beispiel Zahlungen vor Ort vornehmen, müssen Sie auch wissen, welche Zahlungsmethoden Sie dafür nutzen können. In diesem Zusammenhang sind auch die Kosten für diese Zahlungsmethoden interessant und auch hier wieder gilt, dass Sie sich über deren Zuverlässigkeit informieren. Es ist sehr frustrierend, wenn Sie an einem Supermarkt an der Kasse stehen und Ihren Einkauf nicht bezahlen können, während der Betrag dennoch von Ihrem Konto abgebucht wird. Solche Fälle klingen unwahrscheinlich, doch sie kommen hin und wieder, oft in Entwicklungsländern, vor.

Informieren Sie sich über Sonderoptionen und -konditionen für Ausländer

In einigen Ländern, gerade auch in Entwicklungsländern, sind Banken bemüht, ausländisches Kapital anzuziehen. Dafür stellen sie gern besondere Optionen und Konditionen für Ausländer zur Verfügung. Dabei kann es sich um reduzierte Gebühren für die Kontoführung handeln, ein Angebot, das Konto in Fremdwährungen zu führen und Überweisungen besonders günstig ausführen zu können.

Hören Sie sich dafür aber nicht nur bei Freunden um, denn solche Optionen bzw. Konditionen können auf bestimmte Nationalitäten beschränkt sein. Das heißt, als Deutscher bekommen Sie vielleicht ein besonders Angebot, welches ein Angehöriger einer anderen Nationalität nicht erhält. Das hängt dann von den Regelungen des Landes und der jeweiligen Bank selbst an.

Weiterhin kann es von Vorteil sein, zu erfahren, ob die Bank im Ausland ein Partner Ihrer Bank in Deutschland ist bzw. Ihre Bank aus Deutschland eine Niederlassung in Ihrem Gastland hat. Damit können Sie sich die Eröffnung des Kontos erleichtern und weitere Sonderkonditionen erhalten.

Halten Sie die Dokumente bereit, die zur Eröffnung des Kontos benötigt werden

Vor der eigentlichen Eröffnung eines Bankkontos sollte immer ein Beratungsgespräch bei der betreffenden Bank stehen. Seien Sie hier aber ein wenig vorsichtig. In einigen Ländern wird Wissen vorausgesetzt, über das wir als Ausländer einfach nicht verfügen. Fragen Sie also lieber mehr als weniger und achten Sie darauf, spezifische Antworten auf Ihre Fragen, keine allgemeinen Formeln, zu erhalten.

Im Vorgespräch sollten Sie auch unbedingt in Erfahrung bringen, welche Dokumente für die Eröffnung des Kontos gebraucht werden. Wenn Sie dann eines davon nicht zur Verfügung haben, schrecken Sie nicht gleich auf. Seien Sie offen und ehrlich und erklären Sie, dass es mit der Beibringung dieses oder jenes Dokumentes Schwierigkeiten geben könnte. Oft gibt es für solche Fälle Lösungen, die Ihnen den Prozess erheblich erleichtern.

Welche Dokumente Sie im Einzelfall brauchen, variiert von Land zu Land und Bank zu Bank, doch gewöhnlich sind die folgenden Papiere nötig:

- Ihr Identitätsnachweis, vorzugsweise Ihr Reisepass
- Ihre Adresse, falls möglich, dabei kann auch ein Hotel dafür herhalten. Erkundigen Sie sich jedoch erst einmal danach. Von Ausländern wird in vielen Ländern erwartet, dass Sie erst einmal in einem Hotel eine Unterkunft finden, so dass Hotels akzeptiert werden.
- Eine Referenz von Ihrer Bank in Deutschland, doch das ist nicht immer der Fall

- Eine Aufenthaltserlaubnis
- Einen Nachweis über eine einkommensbringende Beschäftigung, zum Beispiel einen Arbeitsvertrag, doch auch das ist nicht immer unbedingt nötig
- Ihre Geburtsurkunde bzw. deren Kopie, doch das ist nicht in allen Fällen nötig

Eine Bank kann Ihnen bei fehlenden Dokumenten das Eröffnen eines Kontos versagen. Sie können es dann jedoch bei einer anderen Bank im gleichen Land versuchen. Gerade kleinere Banken sind oft flexibler als größere. Verfügen Sie auf diese Weise bereits über ein Konto im Gastland, können Sie diese Referenz für die Eröffnung eines Kontos bei einer größeren Bank nutzen.

Erkundigen Sie sich nach den Transaktionskosten

Gerade, wenn Sie oft Zahlungen empfangen und Überweisungen vornehmen möchten, ist es sehr wichtig, die Transaktionskosten zu erfahren und zu vergleichen. Diese können von Bank zu Bank, Währung zu Währung und Land zu Land sehr deutlich variieren. Dabei ist es auch wichtig, zu bedenken, dass viele Banken eine Gebühr für den Erhalt von Geldern verlangen, nicht nur für deren Überweisung.

Beachten Sie Ihre Steuerverpflichtungen

Ja, auch im Ausland müssen Sie Steuern zahlen, wenn Sie dort wohnen. Auf der anderen Seite gibt es andere Auswirkungen für ständig Reisende. Wenn Sie ein Konto bei einer ausländischen Bank eröffnen, gibt es dort auch Spar- und Anlagekonten. Über diese erwirtschaften Sie ein Einkommen, welches dann vor Ort versteuert wird. Das gilt aber nur, wenn Sie vor Ort wohnen.

Wenn Sie dagegen ständig reisen, kann es sein, dass Sie kein Spar- oder Anlagekonto eröffnen dürfen, da das Einkommen darauf nicht versteuert werden kann, weil Sie über keinen Wohnsitz in dem betreffenden Land verfügen. Andere Länder wiederum regeln die Steuerpflicht so, dass die Zinserträge als Einkommen aus dem Land gelten und dann zumindest als solche vor Ort besteuert werden.

Ihr neuer Wohnsitz

Wenn Sie nicht als ständig Reisender unterwegs sein wollen, müssen Sie sich Gedanken darüber machen, wo Sie denn am besten Ihren neuen Wohnsitz finden. Auch für die ständig Reisenden lohnt es sich in diesem Zusammenhang, darüber nachzudenken, welche Länder sich besonders für einen Aufenthalt lohnen.

Viele Auswanderer wollen Deutschland aus steuerlichen Gründen verlassen. Es gibt aber auch andere, die über tiefere, zum Beispiel politische Motive verfügen oder andere, die eher persönliche Gründe haben. Letztere können kulturell bedingt sein oder aus dem Wunsch bestehen, die ganze Welt kennenzulernen. Aus diesem Grund ist es wichtig, die besten Länder für einen neuen Wohnsitz oder Besuch einmal nach allgemeinen Gründen und einmal aus steuerlichen Gesichtspunkten zu vergleichen.

Die besten Länder aus allgemeinen Gründen

Haben Sie sich entschlossen, Deutschland zu verlassen, dann bietet sich Ihnen die ganze Welt als neue Möglichkeit. Dabei gilt, dass der deutsche Reisepass ganz besonders viele Türen weltweit öffnet. Damit können Sie in viele Länder direkt ohne ein Visum einreisen und sich sogar in einigen Fällen dauerhaft dort niederlassen. In anderen Ländern, in denen das nicht der Fall ist, können Sie mit einem deutschen Reisepass dennoch sehr leicht ein Visum erhalten.

Wenn Sie nun versuchen, ein Land für Ihren neuen Wohnsitz oder Ihren nächsten Besuch auszuwählen, gibt es eine Menge Gründe, die für dieses oder jenes sprechen. Dazu zählen die Kultur vor Ort, die beruflichen Möglichkeiten oder die legalen Freiheiten. Daher ist die Entscheidung immer sehr subjektiv, wie auch die Liste möglicher Ziele für das Auswandern.

Dennoch ist es möglich, festzustellen, welche Länder sich als neue Heimat bzw. als Besuchsziel eignen. Dafür gibt es Umfragen, die sich an Auswanderer richten, und Statistiken, in welche Länder es die meisten von ihnen zieht. Hier finden Sie die beliebtesten, ohne ein Ranking zwischen ihnen.

Luxemburg

Luxemburg liegt unmittelbar neben Deutschland. Das macht es überraschend, dass Auswanderer es gern als Ziel für ihr neues Leben annehmen. Die Nähe mag aber auch ein großer Grund dafür sein. Neben der Nähe bietet das Land eine Kultur und Sprache, die dem, was Auswanderer in Deutschland gewöhnt sind, gleichen.

Dann stellt sich die Frage, warum überhaupt jemand von Deutschland nach Luxemburg auswandern möchte. Die Antwort ist ganz einfach. In dem kleinen Land herrscht eine große Lebensqualität. Das schließt gute Möglichkeiten für eine Karriere und einen Verdienst mit ein. Dazu sind die Jobs dort sehr sicher.

Die Nähe und die Ähnlichkeit zu Deutschland machen es leicht, sich dort einzuleben. Letzteres bedeutet aber auch, dass es schon etwas schwerer ist, dort Freundschaften zu schließen. Wenn das jedoch gelingt, zeichnen sich diese durch eine besondere Tiefe und Langlebigkeit aus. In diesem Zusammenhang ist es interessant, zu wissen, dass 46% der Einwohnerschaft in diesem Land aus Ausländern besteht.

Malta

Malta ist der Beweis, dass es nicht auf Geld ankommt, um glücklich zu sein. Dieser Staat im Süden Europas bietet viele Karrierechancen, doch das Einkommen ist dabei geringer. Dann stellt sich die Frage, was denn die Leute nun von diesem Inselstaat überzeugt. Das liegt ganz einfach an der Work Life Balance. Das heißt, die Einwanderer finden in Malta viel mehr Freizeit vor, die sie in der Sonne am Strand verbringen können.

Neben dem „Mehr" an Freizeit und deren Gestaltung in einem fast ständigen Sommer, bietet Malta auch ein gutes Gesundheitssystem. Dazu kommt, dass in Malta unter anderem Englisch gesprochen wird, so dass sich die Einwanderer sehr einfach vor Ort verständigen können.

Ecuador

Ecuador befindet sich im Nordwesten Südamerikas. Hier locken eine hübsche Landschaft, eine lange Küste und eine insgesamt freundliche Einstellung der einheimischen Bevölkerung. Aus diesem Grunde geben viele Einwanderer, die es in dieses Land verschlagen hat, an, dort sehr glücklich zu sein.

Die Preise in Ecuador sind nicht sehr hoch, so dass es leicht ist, dort eine Wohnung zu finden und den Lebensunterhalt zu bestreiten. Auch lassen sich schnell Freundschaften mit den Einheimischen schließen und diese sind besonders kinderlieb.

Ein weiterer Pluspunkt ist die Sprache. In Ecuador wird Spanisch gesprochen. Wie jeder, der versucht hat, diese Sprache zu lernen, weiß, kommt sie ohne komplizierte Grammatik aus. Das macht es sehr einfach, sie zu erlernen.

Mexiko

Mexiko hat es den Einwanderern angetan. In Lateinamerika gelegen, bietet das Land tolle Landschaften und Strände. In den Nachrichten wird oft von Armut, Gewalt und dem Krieg zwischen und gegen Drogenkartellen berichtet. Fragen Sie jedoch die Auswanderer in diesem Land, dann merken diese davon wenig. Stattdessen sprechen sie von einem sonnigen Paradies, in dem es sich gut leben lässt.

Die Mexikaner sind sehr gastfreundlich und es ist einfach, mit ihnen Freundschaften zu schließen. Das Essen ist gut und die Lebenshaltungskosten halten sich in Grenzen. Das erlaubt es, von einem selbstständigen Einkommen nicht nur zu leben, sondern dabei auch noch viel Freizeit zu haben. Was als Geld gebraucht wird, lässt sich schon als Freelancer in nur wenigen Stunden pro Woche verdienen.

Die Sprache ist auch hier Spanisch, was sich sehr leicht erlernen lässt. Damit steht der Verständigung in dem Land nichts mehr im Wege. Es dauert nicht lange, bis sich Einwanderer in dem Land als Einheimische fühlen.

Panama

Lateinamerika lohnt sich zum Auswandern und da ist Panama keine Ausnahme. Dort lässt sich schnell und unkompliziert eine neue Liebe finden. Die Lebenshaltungskosten sind niedrig und es locken herrliche Strände mit warmen Temperaturen.

Wer sich hier ein gut gehendes Online-Business schafft, hat es geschafft. Wer jedoch einen Job vor Ort finden möchte, muss sich mit einer 48 Stunden Woche anfreunden. Dafür sind jedoch die Anforderungen an die Arbeitsleistung viel geringer als in Deutschland. Damit wird auch diese lange Arbeitszeit nicht zu stressig.

Singapur

Singapur ist eines der beliebtesten Ziele für Auswanderer. Dabei spielt unter anderem die Sprache eine Rolle. Das Land ist zwar sehr klein, doch es gibt dort 4 Amtssprachen, wobei eine davon Englisch ist. Das heißt, in diesem Land können Sie sich sehr leicht verständigen.

In Singapur ist es relativ leicht, einen Job zu finden und auch ein Unternehmen lässt sich dort unkompliziert gründen. Ganz besonders wichtig ist den Einwanderern jedoch die politische Stabilität und die Sicherheit im Land. Dazu gesellt sich ein Gesundheitssystem, das in der Region führend ist. Die Lebenshaltungskosten sind im Vergleich zum Rest Asiens eher hoch, doch das wird durch die sehr guten Verdienstmöglichkeiten leicht wieder ausgeglichen.

Thailand

Thailand ist nicht nur ein beliebter Urlaubsort, dort lassen sich auch viele Auswanderer nieder. Der Anteil derjenigen von ihnen, die sich dort glücklich fühlen, ist überdurchschnittlich hoch. Das Land verspricht eine bessere Lebensqualität aufgrund des besseren Klimas, einer besseren Work Life Balance und der übermäßigen

Freundlichkeit der einheimischen Bevölkerung. Das führt auch dazu, dass dort viele ihre neue Liebe finden.

In dem Land fehlen echte Job- und Karrieremöglichkeiten. Dafür ist es aber leicht, hier ein Online-Business mit einem guten Verdienst aufzubauen. Dazu kommt, dass die Lebenshaltungskosten in Thailand extrem niedrig sind.

Kanada

Kanada ist generell bei Einwanderern beliebt. Diese kommen aus der ganzen Welt und nicht nur aus Deutschland. Das Land hat so einiges zu bieten, wozu auch die Freundlichkeit der Kanadier, ein kostenloses Gesundheitssystem und ein gutes Einkommen zählen. Letzteres wird jedoch schnell durch die hohen Lebenshaltungskosten wieder aufgezehrt.

Interessant ist bei dem Ganzen, dass Kanada lange und strenge Winter erlebt. Das heißt, dass die allgemeine Lebensweise in dem Land sehr überzeugen muss, wenn so viele Wahlkanadier die hohen Kosten und langen Winter in Kauf nehmen.

Neuseeland

Im fernen Ozeanien gelegen, facht der kleine Inselstaat die Träume der Deutschen an. Da ist es kein Wunder, dass es viele Auswanderer dorthin zieht. Dabei überflügelt Neuseeland sogar in seiner Beliebtheit Australien.

Das Inselparadies lockt mit grandiosen Landschaften, einer fast noch unberührten Natur und den freundlichsten Menschen, die sich auf dieser Welt finden lassen. Dazu kommt, dass die meisten der Einheimischen selbst bzw. deren Familien als Auswanderer nach Neuseeland kamen. Damit sind die kulturellen Unterschiede gering und die vorherrschende Sprache, Englisch, lässt sich ohnehin leicht erlernen.

Es ist nicht schwer, vor Ort einen Job zu finden. Dabei ist die Work Life Balance sehr gut und die Einheimischen legen Wert auf ein echtes Familienleben. Die Lebenshaltungskosten sind jedoch ein wenig höher, was sich aber verkraften lässt.

Australien

Natürlich darf Australien auf unserer Liste nicht fehlen. Es sprechen tatsächlich viele Gründe für dieses Land. Dazu zählen ein warmes Klima mit vielen Sonnenstunden, eine Kultur, die der unsrigen gleicht, und geringe Sprachschwierigkeiten. Dazu kommen freundliche Einheimische und eine hohe Lebensqualität.

Es gibt aber auch den einen oder anderen Nachteil. So ist der Verdienst in Australien sehr gut, doch sind dort auch die Kosten sehr hoch. Gerade wenn es um eine Wohnung geht, sind diese schwer zu finden und sie zehren schnell mehr als die Hälfte des Einkommens auf. Auch lohnt sich dort ein Online-Business eher weniger, denn jede Aushilfe im Supermarkt würde mehr Geld verdienen. Darüber hinaus ist zu bedenken, dass Australien über sehr viele sehr strenge Regulierungen verfügt, so dass sich dort weder Steuern noch Pflichten entkommen lässt.

Das beste Land zum Auswandern aus steuerlichen Gründen finden

Wer zuerst aus steuerlichen Gründen Deutschland verlassen möchte, hat mit Sicherheit schon einmal über eine Steueroase nachgedacht. Die Frage dabei ist jedoch, ob es solche Steuerparadiese überhaupt gibt und ob sie sich hinsichtlich der gesparten Steuern lohnen.

Wenn es um die allgemeine Lebensqualität geht, lässt sich schon einmal feststellen, dass viele Länder mit geringen Steuern auch allgemein ein gutes Leben ermöglichen. Das heißt, dort ist das Wetter schön, die Einheimischen sind freundlich und die politische Situation ist relativ stabil.

Steuerparadiese können aber auch oft nur als solche erscheinen, ohne es zu sein. Sie haben in vielen Fällen ein Besteuerungssystem, das nach dem Territorialitätsprinzip arbeitet. Das heißt, dort werden nur die Einkünfte versteuert, die auf dem Territorium dieses Staates erwirtschaftet werden. Haben Sie zum Beispiel dort Ihren Wohnsitz, dann sind Sie in Deutschland nicht mehr bzw. nur noch begrenzt steuerpflichtig. Sie müssen dann nur für Einkommen, die Sie in Deutschland generieren, auch in Deutschland Abgaben leisten. Für alle anderen Steuern sind Sie in Deutschland befreit. In dem Steuerparadies wiederum sind Sie nur für das Einkommen steuerpflichtig, das Sie dort erwirtschaften. Alle Einkünfte aus anderen Staaten

werden dort nicht versteuert. Stammen diese dann auch nicht aus Deutschland, sind Sie jedoch nicht komplett steuerfrei. Das Territorialitätsprinzip beruht darauf, dass die im Ausland erwirtschafteten Einkommen durch das Land besteuert werden, in dem sie verdient werden. Auf diese Weise können einige Länder als Steueroasen erscheinen, doch tatsächlich werden dort die Einnahmen aus dem Inland im Inland und aus dem Ausland im jeweiligen Ausland besteuert.

Finden Sie eine echte Steueroase, müssen Sie aber auch dort ansässig sein, um unter die günstige Steuerpflicht zu fallen. Dafür sind die Regeln vor Ort gewöhnlich sehr weit gefasst, so dass es einfach ist, die Steuerpflicht dort zu erlangen. Diese Steuerpflicht gilt dann auch für Unternehmen, die Sie führen. Zu diesen ohnehin bestehenden Regeln kann dann noch ein Doppelbesteuerungsabkommen hinzutreten, dass dann auch die Wegzugssteuer ausfallen lässt.

Wenn Sie also aus rein steuerlichen Gründen Deutschland verlassen wollen, reicht es nicht, nur nach dem Wetter vor Ort und der Freundlichkeit der Einheimischen zu schauen. Sie müssen sich auch mit den Steuergesetzen zumindest ein wenig auskennen, um die richtige Wahl zu treffen. Natürlich können dann aus einer zur Auswahl stehenden Gruppe von Ländern auch andere Interessen bzw. Gründe für eine Entscheidung hinzutreten, doch erst einmal muss es um die steuerlichen Möglichkeiten gehen.

Was ist eine Steueroase

Steueroasen oder Steuerparadiese, dahinter verstecken sich Länder bzw. steuerlich autonom behandelte Gebiete, in denen sich erheblich bei den Steuerzahlungen sparen lässt. Entweder sind dort die Abgaben äußerst gering, so dass sie kaum ins Gewicht fallen, oder es gibt überhaupt keine Abgaben.

Es gibt solche Steuerparadiese tatsächlich in der Realität und in vielen von ihnen tritt diesen Vorzügen auch noch allgemein ein gutes Klima und ein guter Lebensstil hinzu. Es ist jedoch wichtig, zu beachten, dass es dabei nicht ohne Regeln und Bestimmungen geht. Oftmals sind sehr gute Steuerparadiese auch nicht so geneigt, Ausländer bei sich leben zu lassen. Das heißt, dort lauern große Hürden für all diejenigen, die daran denken, sich dort dauerhaft niederzulassen.

Das heißt, während es in der normalen Vorstellung in Deutschland praktisch alles Gute in einer Steueroase gibt, muss man hier doch deutlich differenzieren. Die einzelnen Länder haben ihre eigenen Vorteile, ihre eigenen positiven steuerlichen Aspekte, doch dabei unterscheiden sie sich auch sehr stark voneinander. Daher lässt sich nicht einfach nur sagen, dass Sie in ein Steuerparadies auswandern wollen. Sie brauchen auch eine Vorstellung, in welcher Hinsicht Sie eine steuerliche Erleichterung suchen und wie sich das auf Ihr Leben im Ausland auswirken soll.

Beginnen wir noch einmal bei der einfachen Feststellung, dass in einer Steueroase nur niedrige bis keine Steuern anfallen. Das klingt so schon einmal sehr gut. Was jedoch fehlt, ist der Grund, warum die Steuern so gering sind. Ist zum Beispiel der Steuersatz insgesamt so niedrig? Gilt der Steuersatz nur für Privatpersonen oder auch für Unternehmen? Worüber finanziert sich der Staat, der keine Steuern von Ihnen verlangt?

Weiterhin ist neben Strand und Palmen auch die Möglichkeit, überhaupt Einkünfte zu erwirtschaften, von Bedeutung. Dazu kommen auch die Lebenshaltungskosten. Es nützt nichts, in eine Steueroase abzuwandern und dort zum Beispiel ein Online-Business aufzubauen, nur um herauszufinden, dass dieses als inländisches Einkommen aus selbstständiger Tätigkeit sehr hoch besteuert wird. Dazu kommen dann noch hohe Lebenshaltungskosten und die Enttäuschung ist perfekt.

Daneben ist zu bedenken, dass Länder mit hohen Steuern diese verwenden, um damit etwas für ihre Bevölkerung zu erreichen. Dazu gehört auch eine gute Infrastruktur, die beim Aufbau eines Unternehmens helfen und in Steueroasen eventuell nicht ausreichen.

Wandern Sie auf Dauer oder nur vorübergehend aus

Theoretisch ist es einfach, eine Steueroase auszuwählen. Dafür suchen Sie sich einige Länder aus, die geringe bis keine Steuern verlangen. Dann wägen Sie ab, welche davon es Ihnen am einfachsten machen, sich dort niederzulassen, dort zu verständigen und überhaupt dorthin zu reisen. In der Praxis müssen Sie aber noch einige weitere Kriterien hinzuziehen.

Möchten Sie Deutschland dauerhaft verlassen und können Sie eine Rückkehr sicher ausschließen, dann bieten sich Ihnen mehr Optionen. Wenn Sie dagegen in Betracht ziehen, irgendwann nach

Deutschland zurückzukehren, müssen Sie noch weitere Aspekte bedenken.

Ein dauerhaftes Auswandern bringt auf jeden Fall die unbeschränkte Steuerpflicht in Deutschland zum Erlöschen. Es kann jedoch eine beschränkte Steuerpflicht entstehen, wenn Sie weiterhin Einkünfte aus Deutschland beziehen. Diese Einkünfte werden dann direkt in Deutschland besteuert, doch hier lohnt sich ein Blick auf die Doppelbesteuerungseinkommen. Diese schließen die Besteuerung in Deutschland nicht automatisch aus. Stattdessen verhindern sie nur, dass Ihr Einkommen einmal in Deutschland und dann noch einmal in Ihrer Wahlheimat besteuert wird. Am Ende bestimmt das Abkommen, welcher der beiden Staaten die Steuern erhält.

Um ganz sicher eine Steuerpflicht in Deutschland zu beenden, reicht es also nicht aus, nur das Heimatland zu verlassen. Sie müssen auch alle finanziellen Beziehungen nach Deutschland beenden.

Natürlich ist es auch möglich, dass Sie irgendwann eine Rückkehr nach Deutschland planen. Selbst aber, wenn Sie das nicht tun, kann es geschehen, dass sich persönliche Gründe ergeben, die eine Rückkehr nach Deutschland notwendig machen. Das kann steuerliche Auswirkungen nach sich ziehen, die dann auch die Einkünfte aus dem Ausland betreffen.

Das heißt, auch wenn Sie fest planen, im Ausland zu bleiben, sollten Sie zumindest auch den einen oder anderen Gedanken darauf verwenden, sich für eine Rückkehr nach Deutschland vorzubereiten. Wenn Sie ohnehin planen, irgendwann zurückzukehren, ist das sogar noch wichtiger.

Haben Sie ein Einkommen aus einem Job in Ihrer Wahlheimat, gibt es zwei Möglichkeiten. Kündigen Sie vor Ihrer Rückkehr nach Deutschland Ihre Arbeit, werden Sie für das Einkommen nicht steuerpflichtig. Kehren Sie jedoch zurück und behalten Sie Ihr Einkommen, zum Beispiel durch Online-Arbeit im Homeoffice, werden Sie nach einem Aufenthalt von 183 Tagen im Jahr oder länger in Deutschland wieder unbegrenzt steuerpflichtig. Dann ist es wichtig, sich über bestehende Doppelbesteuerungsabkommen zu informieren, wobei die Chancen jedoch gut stehen, dass Sie nach deutschem Recht besteuert werden.

Erwirtschaften Sie Ihr Einkommen als Unternehmer, dann kommt es auf den Sitz des Unternehmens an. Gründen Sie dieses als Personengesellschaft, dann befindet sich Ihr Unternehmen dort, wo Sie sich befinden. Das heißt, kehren Sie nach Deutschland zurück, wird das Einkommen aus Ihrem Unternehmen auch in Deutschland versteuert.

Ein wenig anders sieht es aus, wenn Sie eine Kapitalgesellschaft gründen. Das ist zum Beispiel eine Ltd. Diese ist legal von Ihrer Person getrennt, indem das Unternehmen selbst als juristische Person behandelt wird. Damit können Sie als Unternehmer nach Deutschland zurückkehren, doch Ihr Unternehmen kann im Ausland bleiben.

Hier kommen jedoch noch andere Probleme auf Sie zu. So muss die Kapitalgesellschaft ihren Standort im Ausland behalten und das geht nur, wenn ihre Hauptarbeit dort erfolgt. Wenn Sie jedoch der Einzige sind, der für die Gesellschaft arbeitet, dann befindet sie sich wieder dort, wo Sie sich befinden. Weiterhin können Ihre Einkünfte aus der Kapitalgesellschaft, die Sie sich auszahlen, in Deutschland besteuert werden. Um dies zu vermeiden, müssen Sie dafür sorgen, dass Sie sich weniger als 183 Tage im Jahr in Deutschland aufhalten.

Planen Sie von vornherein, in der Zukunft zurückzukehren oder denken Sie zumindest darüber nach, sollten Sie auf jeden Fall vor Ihrem Weggang das Finanzamt kontaktieren. Dort teilen Sie Ihre Absicht, auszuwandern, mit und erwähnen auch, dass Sie es für möglich halten oder planen, nach einer Weile zurückzukehren. Dann kann das Finanzamt sich darauf vorbereiten und Ihnen mitteilen, was Sie für diesen Fall brauchen.

Die Doppelbesteuerungsabkommen

Besteht ein Doppelbesteuerungsabkommen, ist das keine Garantie, dass dies Ihnen hilft, sich der Steuerpflicht in Deutschland zu entziehen. Es kann jedoch in vielen Fällen eine Hilfe sein. Diese Abkommen beruhen darauf, dass an einem Wohnsitz gewöhnlich eine universelle Besteuerung besteht, während an den Orten, wo ein Einkommen erwirtschaftet wird, eine beschränkte Steuerpflicht entsteht.

Arbeiten Sie zum Beispiel in Deutschland, doch Sie wohnen in Frankreich, dann hat danach Frankreich das Recht, Ihr gesamtes Einkommen zu besteuern. Das schließt auch all das mit ein, was Sie im

Ausland verdienen. In Deutschland wiederum wird das Einkommen besteuert, das Sie mit Ihrer Arbeit in Deutschland verdienen. Die Folge ist, dass das Einkommen aus Deutschland nun zweimal, einmal in Deutschland und einmal in Frankreich, besteuert wird. Doppelbesteuerungsabkommen sollen nun die doppelte Besteuerung, nicht überhaupt jede Besteuerung, verhindern. Diese werden individuell zwischen den Staaten ausgehandelt und können daher von Staat zu Staat unterschiedlich ausfallen.

Bleiben wir bei dem Beispiel mit dem Job in Deutschland und dem Wohnsitz in Frankreich. Dort kann ein Doppelbesteuerungsabkommen nun darauf hinauslaufen, dass Ihr Einkommen aus Deutschland nur in Frankreich oder nur in Deutschland besteuert wird.

Möchten Sie nur für Ihre neue Wahlheimat das Vorhandensein eines solchen Doppelbesteuerungseinkommens nutzen, dann müssen Sie sich informieren, wie es genau geregelt ist. In vielen Fällen werden Sie jedoch Glück haben. Dann wird die Besteuerung nach dem Land mit dem geringeren Steuersatz oder aber nach dem Land mit dem Wohnsitz ausgeführt.

Steuerzertifikate für die Doppelbesteuerungsabkommen

Möchten Sie sich nun auf ein Doppelbesteuerungsabkommen berufen und damit die Steuerpflicht in Deutschland vermeiden, müssen Sie Ihre Besteuerung im Ausland nachweisen. Dafür können Sie in Ihrer Wahlheimat ein Steuerzertifikat erhalten, das belegt, dass Sie dort steuerpflichtig sind und besteuert werden.

Die Ausstellung eines solchen Zertifikates ist in vielen Ländern recht unterschiedlich geregelt. So verlangen die meisten EU-Staaten, dass Sie über einen Wohnsitz im jeweiligen Land verfügen. Dafür müssen Sie dort Ihren Lebensmittelpunkt nachweisen. Dabei geht es darum, dass Sie sich dort 183 Tage im Jahr aufhalten. Im Zweifelsfall helfen Verträge, für die Miete oder die Nutzung von Mobilgeräten, die Stromrechnungen und dergleichen.

Andere Länder, darunter Zypern, Malta, Griechenland und Italien, stellen ein solches Zertifikat auch ohne einen Nachweis des Wohnsitzes bzw. Lebensmittelpunktes aus. Dafür müssen Sie jedoch eine Investition mit einer bestimmten Mindesthöhe vornehmen oder einen Pauschalbereich als Steuern entrichten.

Steuerzertifikate für die Rückkehr

Sind Sie ausgewandert und verfügen Sie über einen neuen Wohnsitz im Ausland oder sind Sie als Perpetual Traveler ständig unterwegs, ist theoretisch Ihre unbegrenzte Steuerpflicht in Deutschland erloschen. In der Praxis kann das jedoch auch aus einem anderen Gesichtspunkt ganz anders aussehen.

Die Steuerpflicht in Deutschland ist grundsätzlich daran gebunden, dass Sie Ihren Wohnsitz im Inland haben oder aber ein Einkommen aus Deutschland beziehen. Der Hintergrund ist, zu vermeiden, dass Sie doppelt besteuert werden. Das ist für das Folgende sehr, sehr wichtig. Nochmal, die Idee darüber, dass Sie nach einem Wegzug aus Deutschland nicht mehr universell besteuert werden, ist, dass Sie an Ihrem neuen Wohnsitz von Ihrem Gastland besteuert werden.

Werden Sie im Ausland besteuert und planen Sie, nach Deutschland zurückzukehren, sollten Sie sich unbedingt ein Steuerzertifikat ausstellen lassen. Melden Sie sich wieder in Deutschland an, geschieht es in einigen Fällen, dass das Finanzamt einen Nachweis Ihrer Besteuerung im Ausland verlangt. Die Annahme ist, dass Ihre Steuerpflicht nur erlischt, wenn Sie diesen Nachweis erbringen können. Fehlt er jedoch, dann kann das Finanzamt bestimmen, dass Ihre Steuerpflicht niemals erloschen ist. Das ist für all diejenigen, die im Ausland nicht besteuert werden und vor allem für die Perpetual Traveler ein besonderes Problem.

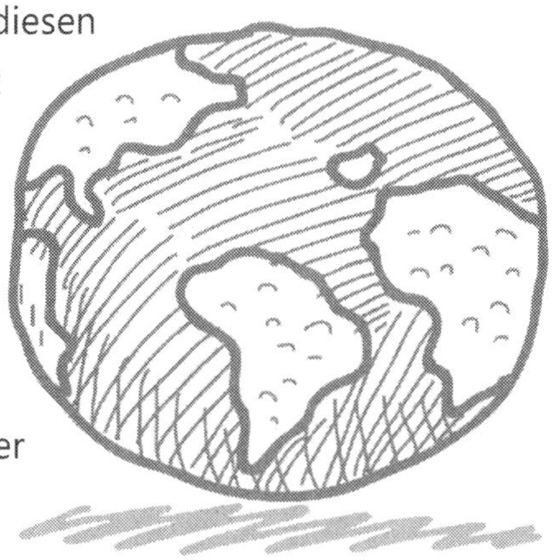

Die Quellensteuer

Ein Weg, die Steuern für ein Unternehmen zu verringern, ist es, Lizenzgebühren gültig zu machen. Wenn Sie also für Ihr Unternehmen eine Lizenz von einem anderen Unternehmen im Ausland brauchen und dafür eine Gebühr bezahlen, können Sie diese Gebühr in Deutschland beim Finanzamt geltend machen.

Befinden Sie sich mit Ihrem Unternehmen jedoch in einem Steuerparadies, müssen Sie dann oft noch eine Quellensteuer bezahlen. Das heißt, die Lizenzgebühren werden noch einmal besteuert und dann müssen Sie mit Doppelbesteuerungsabkommen arbeiten, um diese Steuern vermeiden zu können. Der damit verbundene Aufwand ist teils so erheblich, dass sich das nur für große Konzerne lohnt, nicht aber für kleinere und mittelständische Unternehmen.

Die Nachteile von Steueroasen

Wenn Sie aus steuerlichen Gründen wegziehen wollen und sich vor allem auch geistig mit der Gründung eines Unternehmens befassen, sollten Sie noch einen weiteren Aspekt bedenken. In Deutschland und auch im Raum der EU, sowie anderen Staaten mit einem hohen Lebensstandard, sind die Steuern so hoch, weil es dort Rechtssicherheit gibt. Damit finanzieren die Länder ein stabiles Gerichtssystem und eine verlässliche Polizei. Länder mit geringeren Steuern dagegen bezahlen ihren Richtern und Beamten so wenig, dass sich daraus gewisse Unsicherheiten ergeben.

Weiterhin ist die Rechtsprechung im gesamten Raum der EU einheitlich. Zwar haben die einzelnen Staaten ihre eigenen Kompetenzen, wenn es um Gesetze und Gerichte geht, doch sie müssen alle den europäischen Richtlinien und Regeln folgen. Damit werden viele Probleme innerhalb der EU gleich geregelt. Damit befinden Sie sich in einem Rechtsraum, den Sie kennen und bei dem Sie sich auf den Staat verlassen können.

Weiterhin sind die Steuerzertifikate in der EU gleich geregelt. Damit können Sie diese überall erhalten und sie haben vor der deutschen Finanzverwaltung bestand. Letzteres mag in Ländern außerhalb der EU nicht der Fall sein. Das betrifft vor allem die Staaten, deren Finanzverwaltung nicht sehr weit entwickelt ist.

Für das eigene Unternehmen

Wichtig für die Auswahl einer neuen Wahlheimat ist auch die Art der Einkünfte, die erzielt werden sollten. Einige Länder versuchen, Investitionen anzulocken, indem Sie diese steuerlich belohnen. Dabei gibt es diese, die die Investitionen direkt im Inland fördern, während andere das Anlegen von Kapital vergünstigen.

Länder, die das Investieren im eigenen Land direkt belohnen, verfügen über sehr günstige Sätze, wenn es um persönliche Steuern geht. Das heißt, hier lohnt es sich, als Einzelunternehmer unterwegs zu sein oder eine Personengesellschaft zu gründen. Das Ziel ist es, dass Sie mit Ihrem Unternehmen die Wirtschaft im jeweiligen Staat stärken. Solche Maßnahmen sind immer dort zu finden, wo sich die Wirtschaft im Aufstreben befindet. Dabei gibt es dort viele andere Vorteile für Unternehmen, zum Beispiel niedrige Löhne und das Vorhandensein von qualifiziertem Personal.

Länder, die das Anlegen von Kapital vergünstigen, bieten geringe Steuern auf Einnahmen aus solchen Investitionen. Das heißt, die Sätze auf Dividenden sind niedrig. Das gilt besonders dann, wenn das Geld aus ausländischen Quellen stammt.

Richtig angestellt, lassen sich beide Modelle kombinieren. Dann kann mit einer Kapitalgesellschaft gearbeitet werden. Darüber lassen sich die Steuerprivilegien auch nach einer Rückkehr nach Deutschland behalten.

Die Wegzugssteuer

Eine wichtige Steuer, die Unternehmer nicht vergessen sollten, ist die Wegzugsteuer. Dabei geht es darum, eine Steuerflucht zu vermeiden. Dabei hat eine Person, die in Deutschland unbeschränkt steuerpflichtig ist, Anteile an eine Kapitalgesellschaft. Zieht nun diese Person in das Ausland, um diese Anteile zu verkaufen und damit durch den neuen Wohnsitz Steuern zu sparen, wird die Wegzugsteuer geltend gemacht. Das heißt, als Otto Normalverbraucher ist diese Steuer für Sie nicht relevant. Halten Sie aber Anteile an einer Kapitalgesellschaft, sollten Sie sich vor dem Wegzug mit dem Finanzamt in Verbindung setzen.

Die Wegzugssteuer können Sie vermeiden, indem Sie in ein Land auswandern, mit dem diesbezügliche Absprachen bestehen. Davon gibt es nicht viele, doch fällt diese Steuer zum Beispiel dann nicht an, wenn Sie nach Dubai ziehen.

Die besten Länder für das Auswandern aus steuerlichen Gründen

Die Auswahl des für sie besten Steuerparadieses ist ein komplexer Vorgang, bei dem Sie viele Einzelaspekte berücksichtigen müssen. Dennoch gibt es einige Länder, in denen es sich auf jeden Fall lohnt, aus steuerlichen Gesichtspunkten über einen Wohnsitz zu verfügen. Ob Sie dabei aber das meiste aus den möglichen Steuervergünstigungen herausholen, hängt von Ihrem Einkommen und den Regeln des Landes ab.

Die folgenden Länder bilden eine Liste von Möglichkeiten, wobei es darum geht, dass Sie sich dort ansiedeln. Dort ist die Steuerlast gering, vor allem dann, wenn Sie ein Besserverdiener sind. Damit haben Sie mehr Geld für sich zur Verfügung, um sich einen guten Lebensstandard zu ermöglichen. Die

Länder sind jedoch auf keinen Fall dafür geeignet, sich der Einsicht der Konten durch deutsche Behörden zu entziehen, eine Briefkastenfirma zu gründen oder irgendwie gegen geltendes Recht zu verstoßen.

Bulgarien

Bulgarien ist ein Land mit einem geringen Durchschnittseinkommen. Dafür sind dort aber auch die Steuern niedrig und betragen nur 10%. Führungs- und Fachkräfte sind dort gern gesehen und werden mit interessanten beruflichen Möglichkeiten gelockt.

Daneben lohnen sich die geringen Steuern und geringen Kosten für die Lebenshaltung auch für Rentner und Unternehmer mit einem Online-Business. Interessanterweise sind dort auch Landwirte gern willkommen und ihnen bieten sich gute Verdienstmöglichkeiten.

Zypern

Die Republik Zypern befindet sich innerhalb der EU, was für viel Rechtssicherheit sorgt. In den letzten Jahren hat sich der Staat zu einem wichtigen Zentrum für Geschäfte und vor allem für Finanzen entwickelt. Dort sind die Lebenshaltungskosten gering. Auch lockt die geographische Lage mit einem guten Klima und dann sind da noch die Vorteile im Bereich der Steuern. Auch die bürokratischen Voraussetzungen für die Gründung eines Unternehmens sind gering.

Irland

Irland bietet nicht nur eine wunderschöne Landschaft. Dort lässt sich auch sehr leicht ein guter Job finden. Die Lebenshaltungskosten halten sich in Grenzen und auch die Steuern sind viel niedriger als in Deutschland.

Großbritannien

Großbritannien bietet gerade auch nach dem Brexit einige Möglichkeiten. Dort fehlen Arbeitskräfte in vielen Bereichen, so dass sich nicht nur leicht eine Arbeit finden lässt, sondern diese auch gut vergütet wird. Einziges Problem sind die bürokratischen Hürden, die für das Visum überwunden werden müssen.

Jersey

Die Insel Jersey überzeugt Einwanderer mit ihren sauberen und sehr feinsandigen Stränden. Auch gilt sie als ein echtes Steuerparadies. Es ist relativ einfach, auf die Insel einzuwandern, doch die Bürokratie macht es schwerer, dort dauerhaft ansässig zu sein.

Liechtenstein

Liechtenstein befindet sich ganz oben im Ranking, wenn es um das Auswandern aus Steuergründen geht. Es ist jedoch nicht leicht, dort eine Aufenthaltsbewilligung zu erhalten. Damit wird versucht, eine Einwandererschwemme aus der EU zu vermeiden und die Preise für Immobilien in einem erträglichen Rahmen zu halten. Daher gibt es jedes Jahr eine Lotterie, bei der weniger als 100 Anträge bewilligt werden. Damit sind die Chancen, dort ansässig zu werden, nicht wirklich sehr groß.

Monaco

Monaco ist als Steuerparadies bekannt und ist vor allem die Heimat der Reichen und Schönen. Dort gibt es keine Steuern für das Einkommen und für Erbschaften. Auch werden in Monaco keine Finanzvergehen verfolgt, die außerhalb des Landes begangen wurden. Die Lebenshaltungskosten sind dort jedoch höher und es ist nicht leicht, sich dort einen Wohnsitz aufzubauen.

Luxemburg

Luxemburg lockt mit dem weltweit zweitgrößten Einkommen pro Kopf. Dabei hat die kleine Monarchie nur eben mal rund 484.000 Einwohner. Diese sprechen Luxemburgisch, was stark der deutschen Sprache ähnelt, und dazu noch Deutsch und Französisch.

In Luxemburg lässt sich nicht nur gut verdienen. Dort werden auch Fachkräfte gesucht. Das betrifft vor allem das Hotel- und Gaststättengewerbe. Darüber hinaus werden auch Arbeitskräfte im Gesundheitssystem gebraucht.

Malaysia

Während Malaysia derzeit noch nicht viele deutsche Auswanderer anlockt, bietet sich Ihnen dort eine Menge. Dazu gehören ein sehr gutes Programm für Einwanderer mit steuerlichen Vorteilen, die Förderung von Unternehmensgründungen und eine hohe politische und wirtschaftliche Stabilität.

Belize

Belize ist nicht nur einfach ein Paradies in den Tropen. Dort sind besonders Rentner ab einem Alter von 45 Jahren mit einem regelmäßigen Einkommen, zum Beispiel aus der Rente, gern willkommen.

Facharbeiter, die einen Beruf ausüben wollen, müssen jedoch ein Vermögen von 25.000 US-Dollar nachweisen. Die Steuerlast ist gering und die Lebenshaltungskosten sind es auch. Auf diese Weise bringt Sie ein Einkommen, welches in Deutschland doch eher gering ist, wie zum Beispiel eine Rente von nur 500 Euro, in Belize viel weiter.

Dubai

Dubai lockt mit einer sehr günstigen Besteuerung. Darüber hinaus bieten sich dort vor allem Ausländern aus Deutschland, Österreich und der Schweiz sehr gute Verdienstmöglichkeiten. Das liegt einfach daran, dass das Land in der Wüste am Fortschritt teilhaben möchte und die deutsche Qualität und Wertarbeit dort anerkannt ist. Aus diesem Grund gibt es in Dubai viele Auswanderer aus deutschsprachigen Ländern, doch es gilt, hinsichtlich der lokalen Gesetze vorsichtig zu sein. Vor allem für Frauen halten diese einige Fallstricke bereit.

Panama

Panama eignet sich nicht nur aus allgemeinen Gründen, sondern auch aus steuerlichen. Daher zieht es viele Aussteiger, Pensionäre, aber auch Unternehmer an. Panama umwirbt aktiv Investoren im

Bereich des Tourismus, in der Freihandelszone in Colon und in der Landwirtschaft.

Paraguay

Paraguay befindet sich in Südamerika und ist ein Binnenstaat. Das heißt, es gibt keine hübschen Strände am Meer. Dennoch ist das Land bei Auswanderern beliebt. Dort haben sich fast 180.000 Deutsche niedergelassen. Warum? Es locken günstige Steuern und geringe Voraussetzungen für das Einwandern.

Samoa

Der polynesische Inselstaat ist das reinste Paradies, unter anderem auch für Taucher. Die Menschen dort sind gelassen und es gibt auf der Insel keinen Kampf ums Dasein. Hier macht sich niemand um die Zukunft Sorgen und die Steuern sind günstig.

Seychellen

Nicht unweit von Madagaskar gelegen, ist das Land ein beliebtes Ziel für Touristen. Das lässt jedoch die Preise vor Ort steigen. Dennoch ist es für Investoren, gerade im Bereich des Tourismus, und für Rentner empfehlenswert. Beide werden aktiv umworben, wobei auch die günstigen Steuern eine Rolle spielen.

Ein Unternehmen im Ausland gründen

am Beispiel einer LLC

Möchten Sie im Ausland ein Unternehmen gründen, stehen Ihnen eine Reihe von Rechtsformen zur Verfügung. Diese unterscheiden sich in den Details von Form zu Form, aber auch innerhalb einer Rechtsform von Land zu Land. Daher ist es wichtig, zu vergleichen, welche Ihnen die meisten Vorteile liefern. Hier erörtern wir anhand des Beispiels einer LLC, was diese Ihnen bietet und wie einfach sie sich einrichten lässt.

Was ist eine LLC

Eine LLC ist eine Limited Liability Company, die sich nach dem Recht der USA gründen lässt. Sie ist auf die Bedürfnisse kleinerer und mittlerer Unternehmen zugeschnitten und sollte ursprünglich eine gute Alternative zur Corporation darstellen.

Ihren Anfang nahm diese Rechtsform eines Unternehmens in Wyoming, USA, im Jahre 1977. Sie hatte sich derart gut bewährt, dass sie nun in allen Bundesstaaten der USA genutzt werden kann.

Die LLC begrenzt die Haftung des Eigentümers. Es handelt sich dabei jedoch um keine Aktiengesellschaft. Sie kann durch eine einzelne Person gegründet und eingerichtet werden. Es ist unerheblich, wo sie geschäftlich unterwegs ist. So kann mit einer LLC auch ausschließlich außerhalb der USA oder sogar nur innerhalb eines Landes, zum Beispiel Deutschland, gearbeitet werden.

Die Vorteile dieser Unternehmensform

Der wichtigste Vorteil für den Gründer bzw. Inhaber einer LLC ist, dass sich das Unternehmen flexibel gestalten lässt. Es werden keinerlei offiziellen Organe gebraucht und es gibt nur sehr wenige verbindliche Rollen. Da verwundert es nicht, dass diese Rechtsform für die Gründung eines Unternehmens sehr beliebt ist. Es ist sogar möglich, die LLC direkt als Personen- oder als Kapitalgesellschaft zu gründen.

Einige andere Vorteile bieten sich nur in einigen Bundesstaaten, während andere in allen Staaten der USA vorhanden sind. Zu letzteren gehört, dass die LLC allen Gesellschaftern, die an der Gründung beteiligt sind, eine beschränkte Haftung bietet.

Weiterhin ist es möglich die LLC nur als Einzelperson zu gründen. Dabei ist es nicht nötig, ein Stammkapital nachzuweisen. Einige

Bundesstaaten gehen sogar so weit, eine LLC anonym gründen zu lassen.

Wenn Sie jedoch planen, mit der LLC in Deutschland tätig zu werden oder nach einer Nutzung im Ausland nach Deutschland zurückzukehren, sollten Sie sich hinsichtlich der von Ihnen geplanten Nutzung dieser Rechtsform umfangreich beraten lassen. Es ist möglich, dass sie sich auf lange Sicht in Deutschland zu einer Steuerfalle entwickeln kann. Das liegt an der Behandlung einer LLC durch die deutschen Finanzbehörden. Daher kann es besser sein, auf eine andere Rechtsform auszuweichen.

Die Ausgestaltung der LLC

Gewöhnlich brauchen gegründete Unternehmen eine Ausgestaltung in der Form, dass offizielle Organe und deren Inhaber benannt werden. In einer LLC gibt es jedoch nur einen Titel und der ist Member. Das heißt, jeder an der Gründung einer LLC beteiligte Gesellschafter wird zu einem Member. Gibt es nur einen Gründer, dann handelt es sich um eine Single Member LLC. Gibt es dagegen mehr als einen Gründer, handelt es sich um eine Multi Member LLC.

Eine weitere Unterscheidung erfolgt nach dem Management. In einer LLC mit dem sogenannten Member Management sind alle Member zugleich auch die Manager, d.h., die Geschäftsführer. Beim sogenannten Manager Management dagegen sind die Member zuerst einmal die Inhaber. Daneben werden einzelne Member oder sogar Nicht-Member als Geschäftsführer benannt.

So wird eine LLC gegründet

Bevor es zur eigentlichen Gründung einer LLC kommen kann, muss ein Name für diese gefunden werden. Dafür gibt es einige Regeln. So sollten die Namensbestandteile „bank" oder „insurance" nicht verwendet werden. Auch muss der Name auf „Limited Liability Company" enden. Alternativ sind auch „LLC", „L.L.C" und „Limited Company" möglich.

Für die Gründung wird weiterhin eine Satzung gebraucht, im Englischen die Articles of Organization. Dabei werden nur wenige Angaben gebraucht. In einigen Bundesstaaten, aber nicht in allen, muss der Name des Gründers in der Satzung des Unternehmens benannt werden.

Sind mehrere Gesellschafter an der Gründung beteiligt, wird in einigen Bundesstaaten ein Gesellschaftervertrag, ein Operating Agreement, gebraucht. Die meisten dagegen verlangen dies nicht. Es wird jedoch empfohlen, auch in einem solchen Fall einen Vertrag zwischen den Gesellschaftern zu schließen, so dass deren Rechte und Pflichten definiert werden. Darüber hinaus wird darin die Verteilung der Gewinne festgelegt.

Ganz wichtig ist bei mehreren Gesellschaftern, festzulegen, was im Falle des Todes oder Ausscheidens von einem von ihnen geschehen soll. Erfolgt das nicht, führt ein solcher Fall automatisch dazu, dass die LLC aufgelöst wird.

Weitere detaillierte Informationen zum Thema LLC finden Sie hier: https://goodbyematrix.com/us-llc-webinar-detail/. Auf dieser Seite können Sie auch mehr zur 183 Tage Regelung und der Gründung eines Unternehmens im Ausland erfahren.

Die

Flaggentheorie

Die Flagge steht für den Staat, dessen Emblem bzw. Farben sie trägt. Die Flaggentheorie bezieht sich darauf, indem sie eine neue Philosophie kreiert. Danach leben Sie, wo Sie wollen, machen Sie sich keine Sorgen um Ihr Geld, zahlen Sie keine Steuern, hinterlassen Sie keine Spuren und gehen Sie immer dorthin, wo es Ihnen am besten geht.

Die Idee der Flaggentheorie

Das ständige Reisen, auch Perpetual Traveling genannt, beruht auf der Flaggentheorie. Danach sollten wir immer dorthin gehen, wo wir am besten behandelt werden. Das heißt, die Staaten werden hier so angesehen, dass sie sich in einem Konkurrenzkampf um die Bürger befinden und wir uns aussuchen können, wo wir uns niederlassen.

Der Hintergrund ist der, dass die Menschen, die die Flaggentheorie vertreten, genug von den Maßnahmen habe, die gegen sie in ihrer Heimat erlassen werden. Während die meisten Bürger diese Maßnahmen erdulden, wehren sie sich, indem sie das Land verlassen.
Diesem Gedanken der Konkurrenz der Länder zufolge erbringen diese Dienstleistungen und es zieht die Anhänger der Theorie dorthin, wo ihnen die besten Leistungen geboten werden. Das erlaubt es auch, die eigenen Affären, sowohl in persönlicher als auch in

finanzieller Hinsicht, so zu regeln, dass sie dem Zugriff der Regierungen entzogen sind. Das heißt, Sie hinterlassen damit keine Spuren und zahlen nirgends Steuern.

Die Flaggentheorie als Rebellion

Von Geburt an werden uns bestimmte Grundideen vermittelt. Diese sind aber, gerade auch im Bildungssystem, immer darauf ausgelegt, uns zu gehorsamen Staatsbürgern und Arbeitern zu erziehen. Die Rebellion dagegen erlaubt es, endlich echte Freiheit zu erlangen.

Das beginnt damit, dass wir erzogen wurden, zu denken, dass wir unser gesamtes Leben im gleichen Land zubringen werden. Das Auswandern gilt als Einzelfall und das Verbleiben als die Norm. In der heutigen Zeit ist es jedoch leichter als jemals zuvor, die Heimat zu verlassen und ständig zu reisen oder eine neue Heimat zu finden.

Auch werden wir dazu erzogen, immer im gleichen Land die Schule zu besuchen und danach zur Uni zu gehen. Dabei bieten sich viele verschiedene Bildungsmöglichkeiten mit ganz unterschiedlichen Ansätzen im Ausland. Diese lohnen sich und ermöglichen ein ganz neues Leben mit ganz neuen Ansichten.

Gewöhnlich steht am Ende einer Ausbildung im Heimatland ein Job im gleichen Staat. Das wird so vorausgesetzt und darauf zielt die gesamte Bildung ab. Das lässt sich jedoch heutzutage gleich doppelt vermeiden. Nicht nur ist es ohne Probleme möglich, auszuwandern, wir können uns auch dank dem Internet recht unkompliziert selbstständig machen und so unser Geld frei verdienen.

Weiterhin wird von uns Staatsbürgern erwartet, all unsere Bankkonten und Aktiendepots in unserem Heimatstaat zu unterhalten. Es ist jedoch nun möglich, auch in anderen Staaten über beides zu verfügen und das selbst dann, wenn wir uns dort nicht aufhalten.

Natürlich sollen wir auch unser gesamtes Geld in der Währung unserer Heimat besitzen. Hier aber bieten sich weltweit viel mehr Möglichkeiten, die durch die Kryptowährungen noch einmal erheblich erweitert wurden.

Schließlich und endlich sollen Sie nur über einen Pass verfügen, Immobilien nur in Ihrem Heimatland erwerben und Edelmetalle auch nur dort horten. Nun, auch das hat sich überlebt und es bieten sich weltweit neue Möglichkeiten.

Die Realität hinter all diesen Ideen ist jedoch, dass wir in unserer Heimat bevormundet und besteuert werden. So sollen wir unsere Kinder so erziehen, wie der Staat es möchte und dafür auch noch zum Dank kräftig Steuern zahlen. Unsere Bewegungen und unsere Finanzmittel werden überwacht und unser Geld wird entwertet. Dank der Flaggentheorie müssen wir uns aber damit nicht abfinden und können uns eine bessere Heimat suchen.

Darüber hinaus haben viele Orte in der Vergangenheit bewiesen, wie gefährlich es ist, nicht mobil zu sein. So viele Staaten, die ein hohes Niveau ihrer Entwicklung erreichten, fielen Kriegen, Bürgerkriegen, Finanzkrisen oder Corona zum Opfer.

Die Flaggentheorie nutzen

Die Flaggentheorie lässt sich auf mehreren Wegen nutzen. Der erste ist es, einfach ständig zu reisen. Das ist jedoch für viele zu viel. Während ein solches nomadisches Leben seine Vorteile hat, ist es einfach nicht das Richtige für jeden.

Es kommt auch nur darauf an, nirgends länger als 183 Tage im Jahr zu verweilen. Anstatt also ständig um die Welt zu reisen, können Sie sich drei Länder aussuchen und diese nacheinander besuchen. Auf diese Weise sind Sie in jedem einzelnen davon weniger als 183 Tage vor Ort.

Wenn Sie sich nun entscheiden, einfach zu reisen oder Ihren Wohnsitz auf drei Staaten aufzuteilen, um nirgendwo steuerpflichtig zu sein, gehen Sie auch immer am besten dorthin, wo Sie am besten behandelt werden.

Die Varianten der Flaggentheorie

Tatsächlich gibt es heutzutage nicht eine einzige Flaggentheorie, sondern mehrere Varianten, die davon mit der Zeit entwickelt wurden. Sie drücken in zunehmender Detailfülle aus, wie Sie Ihre Affären richtig regeln können, um sich zu internationalisieren und die damit verbundenen Vorteile zu nutzen.

Der Anfang – Die Drei-Flaggen Theorie

Am Anfang bestand die Drei-Flaggen-Theorie. Danach sollten Sie

1. *dort ein Bürger sein, wo Ihr Einkommen aus dem Ausland nicht besteuert wird.*
2. *Ihr Unternehmen dort gründen, wo Sie ein Steuerparadies mit einer stabilen Situation finden. Dorthin gehört auch Ihr ganzes Vermögen.*
3. *als Tourist in einem Land leben, wo man Ihre Arbeit richtig schätzt.*

Beginnen wir mit dem ersten Punkt, also dort Staatsbürger zu sein, wo das Einkommen aus dem Ausland nicht besteuert wird. Dafür bieten sich Länder an, die nach dem Territorialprinzip besteuern. Das heißt, diese Länder erheben nur Steuern auf Einkommen, die auch direkt vor Ort verdient werden. Das ist zum Beispiel in Singapur der Fall.

Ihr Unternehmen und darüber hinaus Ihr Vermögen sollten sich in einer Steueroase befinden, die politisch stabil ist. Das heißt, während Sie in einem Land leben, das Auslandseinkünfte nicht besteuert, sollte Ihr Unternehmen bzw. Ihr Vermögen sich in einem Staat befinden, bei dem die Steuern nur gering sind oder es sogar keine Steuern gibt.

Empfehlenswert dafür sind Länder mit niedrigen Steuern und hohen Freibeträgen, denn Länder ganz ohne Steuern werden immer intensiver unter Druck gesetzt. Die Idee ist nun, dass Ihr Unternehmen bzw. Vermögen in diesen Ländern kaum oder gar nicht besteuert werden. Sie selbst werden ebenfalls nicht besteuert, da Ihr Einkommen aus Ihrem Unternehmen bzw. Vermögen stammt, das sich von Ihrem Gastland aus gesehen im Ausland befindet. Ihr Gastland wiederum besteuert kein Auslandseinkommen, sondern nur Einkommen, die auf dessen Territorium erwirtschaftet werden.

Als Steuerparadiese bieten sich Belize, die Britischen Jungferninseln, die Seychellen und Hong-Kong an. Gerade Offshore-Unternehmen sind an diesen Standorten komplett steuerfrei. Dafür muss oftmals nicht einmal eine Bilanz erstellt werden. Damit sparen Sie nicht nur Geld, sondern auch Zeit.

Seien Sie Tourist genau dort, wo man Ihre Arbeit richtig schätzt. Das richtet sich vor allem an die ständig Reisenden, aber auch an diejenigen, die wenigstens dreimal pro Jahr zwischen Ihrem Wohnsitz hin und her wechseln. Damit sind Sie überall einfach nur Tourist, auch wenn Sie fast 6 Monate in einem Land bleiben. Mit einem Pass aus Deutschland, der Schweiz oder Österreich lassen sich so die besten Länder in Amerika, Europa und Asien besuchen.

Woran erkennen Sie nun, dass Ihre Arbeit dort geschätzt wird? Ihre Arbeit als Tourist besteht darin, dort zu konsumieren. Sie werden dann geschätzt, wenn man Sie besser als die Einheimischen behandelt, was auch oft der Fall ist. Darüber hinaus bieten Ihnen viele dieser Länder an, Ihnen die Mehrwertsteuer zu erstatten, sobald Sie wieder ausreisen. Das heißt, Sie sparen sich nicht nur die Einkommenssteuer, sondern gleich noch die Mehrwertsteuer.

Auch dann, wenn Sie sich an einem Ort niederlassen wollen, gibt es viele Länder, die es Ihnen einfach machen und kein Einkommen aus dem Ausland versteuern. Das ist in Lateinamerika und Asien oft der Fall.

Die Weiterentwicklung – Die Fünf-Flaggen-Theorie

Die Weiterentwicklung der Drei-Flaggen-Theorie ist die Fünf-Flaggen Theorie. Damit werden die bereits bestehenden Punkte detailliert erweitert und zwei neue Flaggen hinzugefügt. Danach sollten Sie

1. *über einen Pass bzw. eine Staatsbürgerschaft verfügen, in dessen Land kein Einkommen besteuert wird, das nicht auf dessen Territorium erwirtschaftet wurde – Das heißt, dass der erste Punkt deutlich erweitert wurde, denn nun geht es um mehr Handlungsfreiheit auch von dem Staat, dessen Staatsbürgerschaft Sie besitzen. Als ein Beispiel seien hier die USA benannt. Deren Staatsangehörige werden auch noch im Ausland besteuert und müssen dort auch noch vielen amerikanischen Gesetzen folgen.*
2. *sich dauerhaft in einem Steuerparadies aufhalten – Danach brauchen Sie auch als Staatenloser ein Land, in welchem Sie leben können, ohne dort besteuert zu werden. Dabei geht es darum, dass Sie sich ein Steuerparadies ohne Einkommenssteuer suchen oder aber in einem Land leben, das ein Auslandseinkommen nicht besteuert.*

3. *den Sitz Ihres Geschäftes so wählen, dass es sich in einem Steuerparadies befindet – Dort registrieren Sie ein Offshore-Unternehmen und lassen sich das verdiente Geld dorthin auszahlen, wo zumindest die Einkommen aus dem Ausland nicht besteuert werden.*
4. *Ihr Vermögen dort unterbringen, wo es keine Kapitalsteuer gibt – Dafür sollte das gewählte Land über ein stabiles und effektives Rechtssystem verfügen, um die Sicherheit des Vermögens auch auf Dauer zu garantieren.*
5. *Ihre großen und teuren Einkünfte in den Ländern vornehmen, wo es keine Mehrwert- oder Umsatzsteuer gibt oder diese Ihnen beim Verlassen erstattet werden – Damit holen Sie das Meiste aus Ihrem Einkommen heraus.*

Die neueste Variante – Die Dreizehn-Flaggen-Theorie

In der Blogosphäre gibt es nun neue Bestrebungen, die Drei- bzw. Fünf-Flaggen-Theorie auf insgesamt 13 Flaggen auszuweiten. Die Idee ist, dass Sie damit noch mehr vor den Maßnahmen verschiedener Regierungen geschützt sind. Dabei geht es nicht darum, sich von allen Staaten abzuwenden, sondern verschiedene Aspekte aus vielen Staaten zu vereinen, um davon am meisten zu profitieren. Die ersten 5 Punkte bleiben wie bei der Fünf-Flaggen-Theorie bestehen. Dazu gesellen sich dann:

1. *Bauen Sie sich ein Unternehmen online auf – Dabei sollten Sie sich diversifizieren, um so bestimmte Risiken zu vermeiden. Dazu gehört, die Website offshore zu hosten, so dass es zu keiner Zensur oder willkürlicher Abschaltung kommen kann. Auch sollte dabei eine Internet-Domain gewählt werden, die die*

Zensur noch unwahrscheinlicher macht, wie zum Beispiel eine aus der Schweiz. Damit lassen sich verschiedene Regeln, die aus der EU kommen, vermeiden. Die E-Mails wiederum sollten über sichere Server laufen, die gerade den Schutz der Daten garantieren. Auch sollten sie verschlüsselt gesendet werden. Hier bietet sich zum Beispiel Island sehr gut an.

2. *Nutzen Sie die Medizin aus verschiedenen Staaten – Die Gesundheit ist nicht an ein Land gebunden. Sie können sich dort behandeln lassen, wo Sie eine gute Qualität gegen geringe Kosten erhalten können. Das lässt sich noch mit einer internationalen Krankenversicherung erweitern. Auch lassen sich so Therapien und Medizin nutzen, die in anderen Ländern nicht oder noch nicht zugelassen sind.*
3. *Eine neue Staatsbürgerschaft durch Heirat – Während es nicht immer gut ist, durch eine Heirat Staatsangehöriger eines anderen Landes zu werden, gibt es einige Staaten, bei denen sich das lohnt. Natürlich sollten Sie zuerst der Liebe wegen heiraten, doch ein Blick auf die Nationalität kann nicht unbedingt schaden.*
4. *Der Erwerb einer Staatsbürgerschaft durch die Geburt – Sie können Ihren Kindern gute Chancen in ihrem Leben geben, indem Sie mit dem richtigen Geburtsort für eine vorteilhafte Staatsbürgerschaft sorgen. Dafür gibt es sogar schon einen richtigen Geburtstourismus.*
5. *Die richtigen Mitarbeiter – Brauchen Sie neue Mitarbeiter für Ihr Unternehmen bzw. Assistenten, lohnt es sich, auch hier zu schauen, wo die Bildung gut und die Kosten niedrig sind. Auch kommt es auf die Regeln vor Ort an, so dass Sie sich nicht mit viel Bürokratie herumschlagen müssen.*

6. *Die beste Bildung – Haben Sie Kinder, dann bringen Sie sie in ein Land, wo Sie sich um ihre Bildung frei von Zwängen kümmern können. Dazu gehört auch, dass das Land keine Bildung insgesamt vorschreibt, so dass auch das Homeschooling oder sogar Unschooling möglich ist.*
7. *Die richtigen Versicherungen – Das ständige Reisen, das internationale Leben, heißt nicht, sich von der eigenen Absicherung zu verabschieden. Stattdessen haben Sie die ganze Welt zur Auswahl und können sich die Versicherungen heraussuchen, die mehr Leistungen zu einem günstigeren Preis anbieten. Dazu gehört auch eine Krankenversicherung, wenn Sie eine solche wollen. Verglichen mit Deutschland bezahlen Sie so oft nur ein Viertel der Beiträge und erhalten die gleichen, wenn nicht sogar mehr, Leistungen.*
8. *Der Datenschutz – In der digitalen Welt von heute sind Daten besonders wertvoll. Einige gehen sogar so weit, sie als das neue Gold zu beschreiben. Dementsprechend wichtig ist es, dass Sie sich vor dem Diebstahl Ihrer Daten schützen. Dafür sind einige Länder, aber auch die Blockchain verschiedener Kryptowährungen interessant.*

Der Sinn der Flaggentheorie

Der Sinn der Flaggentheorie ist es, viele Flaggen in viele Länder zu pflanzen, die Ihnen einen Vorteil bringen. Damit gleicht diese Theorie dem gängigen Rat beim Investieren in Aktien. Sie sollten nie alles Geld, das Sie haben, in ein einziges Wertpapier stecken. Dementsprechend sollten Sie nach der Flaggentheorie nicht alle Aspekte Ihres Lebens in nur ein einziges Land investieren.

Gerade Perpetual Traveler sind in der Lage, die Vorzüge einer ganzen Reihe von Ländern zu genießen. Es reicht aber schon, sich in einigen wenigen Ländern zu diversifizieren, ohne dabei in einem einzelnen davon steuerpflichtig zu werden. Die Höchstform der Flaggentheorie ist die Staatenlosigkeit.

Nach der Idee der Flaggentheorie und ihrer Befürworter ist die Staatenlosigkeit gleichbedeutend mit einem neuen Status, dem des Weltbürgers. Dabei gehören Sie nie zu einem einzelnen Staat, sondern nur sich selbst. Damit suchen Sie sich immer wieder von Neuem aus, wo Sie sich als nächstes aufhalten wollen und treffen diese Entscheidung aufgrund der Freiheit, des Geldes und dessen, was Sie mit Ihrer Zeit anfangen wollen.

Bonus:

Ihre Checkliste für das Auswandern

Eine Auswanderung können Sie theoretisch einfach so angehen, doch dann drohen schnell Schwierigkeiten. Daher ist es besser, sie gründlich vorzubereiten. Dafür lohnt es sich auch, über eine entsprechende Checkliste zu verfügen. Damit vergessen Sie garantiert nichts mehr.

Die Schwierigkeiten, die bei einer ungeplanten Auswanderung entstehen, drehen sich fast immer um das Heimatland. Das kann eine eventuelle Rückkehr oder aber auch nur die Beantragung eines neuen Reisepasses erschweren.

Daneben drohen aber auch das eine oder andere Problem im Gastland, wobei es hier oft einfacher ist, dies zu umgehen. Im schlimmsten Fall können Sie dort den Einwanderungsversuch abbrechen, das Land verlassen und es danach erneut versuchen.

Eine Planung im Hinblick auf die geplante neue Heimat setzt darüber hinaus voraus, dass Sie sich bereits für eine solche entschieden haben. Auch sollten Sie in einem solchen Fall ein wenig über Ihr Gastland recherchieren und im besten Fall Kontakte knüpfen, die Ihnen den Umzug erleichtern.

Oft genug hilft Ihnen auch Ihr Arbeitgeber. Das ist immer dann der Fall, wenn Sie von Ihrem bisherigen Arbeitgeber in das Ausland geschickt oder aber in Ihrer neuen Heimat von einem Unternehmen angeworben wurden. Das erleichtert das Ganze vor allem dahingehend, dass Sie sich auf die Prozesse vor Ort vorbereiten und die richtigen Dokumente bereithalten können. Auch kann Ihr Arbeitgeber bereits die ersten Anträge für Sie stellen, so dass alles viel schneller über die Bühne geht, wenn Sie in Ihre neue Heimat übersiedeln.

Haben Sie keinen Arbeitgeber, der sich kümmert und keine Kontakte vor Ort, müssen Sie sich selbst entsprechend vorbereiten. Vor allem Entwicklungsländer sind in einem solchen Fall hilfreich, denn sie sind auf der einen Seite bestrebt, ausländisches Kapital und Arbeitskräfte anzulocken, und auf der anderen Seite erwarten sie nicht, dass Sie alle Bestimmungen kennen und genau befolgen können.

Das ist auch der Hintergrund für etwas, das gern als Korruption beschrieben wird, aber eigentlich keine ist. So sind viele Mitarbeiter an entsprechenden Stellen bei den Behörden bereit, die Anträge für Sie auszufüllen, Ihnen ein paar Tipps zu geben und Hindernisse aus dem Weg zu räumen. Da sie aber damit über das Erfordernis ihres Jobs hinausgegangen sind, erwarten sie im Gegenzug ein Trinkgeld.

Das ist keine Korruption, da die eigentliche bürokratische Arbeit nicht von der Zahlung des Trinkgeldes abhängt, sondern Ihnen die Prozesse nur vereinfacht und Teile der Arbeiten abgenommen wurden. Wollen Sie von dem Trinkgeld nichts wissen, dann müssen Sie eben selbst alle Papiere ausfüllen und abliefern und die üblichen Fristen abwarten.

Was Sie vor der Ausreise erledigen sollten

Es gibt einige wichtige Dinge, die Sie vor der Ausreise erledigen oder sicherstellen müssen. Damit gibt es keine Probleme in der Heimat und Sie können später auch unbelastet wieder zurückkehren, so Sie das wünschen.

Überprüfen Sie die Gültigkeit Ihrer Dokumente

Sie haben einen Reisepass? Sehr gut. Auch verfügen Sie über einen Führerschein? Noch besser. Problem, beide laufen irgendwann ab. Überprüfen Sie, wann Sie sie erneuern müssen. Bedenken Sie dabei auch, dass einige Länder Ihnen nur dann die Einreise erlauben, wenn Ihr Reisepass für mindestens 6 weitere Monate gültig ist.

Die Verlängerung der Dokumente über die Botschaften ist im Ausland möglich, doch das Ganze dauert länger, ist aufwendiger und kostet mehr als in Deutschland. Gehen Sie also am besten mit ganz neuen Dokumenten auf die Reise, um sich den Ärger in den ersten Jahren zu ersparen.

Eine Frage der Versicherungen

Gehen Sie ins Ausland, erlischt die Versicherungspflicht für Sie. Damit können Sie sich von Ihrer Krankenversicherung in Deutschland verabschieden. Wollen Sie danach unversichert bleiben, dann haben Sie das damit geschafft. Wollen Sie dagegen wieder versichert sein, brauchen Sie eine Krankenversicherung, die auch im Ausland zahlt. Dafür gibt es Angebote aus Deutschland, doch es ist besser, eine internationale Versicherung abzuschließen. Damit erhalten Sie mehr Leistungen zu einem günstigeren Tarif.

Mitunter werden Ihnen Reisekrankenversicherungen als Auslandskrankenversicherungen verkauft. Das geschieht nicht aus böser Absicht, sondern aus einem Missverständnis heraus. Wenn Sie nach einer Absicherung im Ausland fragen, machen Sie es klar, dass es dabei um einen dauerhaften Aufenthalt, nicht um einen Urlaub, geht.

Wenn Sie für Ihren Urlaub oder einen Besuch nach Deutschland zurückkehren, müssen Sie ebenfalls sichergehen, dass Sie dort abgesichert sind. Die medizinische Versorgung ist teuer. Tarife, die das abdecken, sind daher auch weniger günstig. Es gibt aber Versicherungen, die nicht das Leben in Deutschland, aber einen Besuch oder Urlaub hierzulande abdecken, ohne dafür einen teuren Tarif zu verlangen.

Ein Checkup beim Arzt

Ein Besuch bei Ihrem Hausarzt und darüber hinaus auch bei Ihrem Zahnarzt sind sehr empfehlenswert. Damit können Sie unerwünschte Überraschungen in der ersten Zeit in Ihrer Wahlheimat oder auf Reisen vermeiden.

Überprüfen Sie dabei auch Ihren Impfstatus. Für manche Gebiete der Welt werden Impfungen empfohlen, die so in Deutschland nicht üblich sind. Auch können einige Ihrer Impfungen eine Auffrischung brauchen.

Nehmen Sie regelmäßig Medikamente ein, kann es am Anfang schwer sein, diese in Ihrem Gastland zu finden. Daher sollten Sie sich einen Vorrat zulegen, so dass Sie zuerst einmal abgesichert sind, bis Sie sich an Ihrem Zielort zurechtfinden.
Darüber hinaus kann es geschehen, dass ein Medikament in Deutschland, aber nicht in Ihrem Gastland verfügbar ist. Dann hilft eine Liste mit Alternativen, die sich vor Ort finden lassen. Damit können Sie sich dort ausreichend versorgen.

Ihr Visum

Wandern Sie in das Ausland außerhalb der EU aus, kann eine Visumspflicht bestehen. Das ist vor allem dann der Fall, wenn Sie einen längeren Aufenthalt vor Ort planen. Es gibt zwar Länder, die Ihnen mit einem deutschen Reisepass eine Einreise ohne Visum erlauben, doch in den allermeisten Fällen brauchen Sie ein solches für einen längeren Aufenthalt.

Informieren Sie sich vor der Reise, wie die Visumspflicht in Ihrem Zielland aussieht. In einigen davon müssen Sie bereits über ein Visum verfügen, bevor Sie überhaupt den Flug dorthin antreten. Andere ermöglichen es Ihnen, das Visum am Flughafen zu beantragen.

Bei den einzelnen Visa gibt es auch Unterschiede, die zu beachten sind. Ein Visum, das Sie bei der Einreise am Flughafen beantragen, ist oft nur für Touristen gedacht und hat eine recht kurze Gültigkeitsdauer. Diese lassen sich nicht immer vor Ort verlängern.

Ihre Arbeitserlaubnis

In vielen Ländern wird eine Arbeitserlaubnis verlangt, wenn Sie dort einer Tätigkeit nachgehen wollen. Das ist auch oft genug dort der Fall, wo Sie mit einem deutschen Reisepass kein Visum für die Einreise benötigen.

Nehmen Sie eine Arbeit an, ohne über eine gültige Arbeitserlaubnis zu verfügen, machen Sie sich selbst und zugleich auch Ihr Arbeitgeber strafbar. Daher überprüfen viele Arbeitgeber vor der Beschäftigung eines Ausländers, ob dieser über eine gültige Arbeitserlaubnis verfügt.

Für die Arbeitserlaubnis selbst werden oft bestimmte Dokumente gefordert. Dazu gehören Nachweise der Qualifikation, der gesundheitlichen Eignung und Unbedenklichkeitszeugnisse der Polizei.

Ihre Wohnung oder Haus

Wer auswandert, möchte zumindest in der nächsten Zeit nicht zurückkehren. Da macht es wenig Sinn, eine Wohnung oder ein Haus in Deutschland zu behalten und dafür die Kosten zu tragen. Damit muss der Mietvertrag gekündigt und das Haus verkauft werden. Dann stellt sich schnell die Frage, wohin mit dem ganzen Hausrat. Diesen einzulagern, kostet auch wieder und niemand weiß, in welchem Zustand er sich befindet, wenn Sie zurückkehren. Da ist es besser, diesen zu verkaufen oder zu verschenken.

Nicht alles, was sich in der Wohnung befindet, muss auch aus dieser verschwinden. Einiges gehört zur Wohnung und anderes lässt sich direkt dem Nachmieter vermachen. Ebenso verhält es sich für diejenigen, die ein Haus oder eine Wohnung zu verkaufen haben. Auch hier lassen sich Teile des Hausrates dem Käufer übergeben. Einige werden sich darüber freuen, denn dann müssen sie selbst weniger beschaffen.

Für viele ist jedoch gerade das Ausmisten der schlimmste Teil am ganzen Unterfangen des Auswanderns. Das ist auch gleich aus mehreren Gründen verständlich. So geht es dabei um viel Kram, den Sie gelernt haben, zu übersehen und zu ignorieren. Nun muss alles davon irgendwie weg. Dann sind da auch noch all die liebgewordenen Gegenstände. Die eigene Geschichte, ja, die eigene Seele ist mit dem Hausrat bzw. Teilen davon verbunden. All das aufzugeben heißt praktisch, sich endgültig von dem gehabten Leben zu verabschieden.

Gerade beim Auswandern lässt sich auch im Gegensatz zu einem Umzug innerhalb eines Landes nur sehr wenig mitnehmen. Dennoch können Sie die wichtigsten Dinge, die Sie wirklich unbedingt behalten müssen, aussortieren und einen Weg finden, diese in Ihre neue Wahlheimat mitzunehmen. Alternativ, wenn Sie planen, sich ständig auf Reisen zu befinden, können Sie diese auch bei einem Freund oder Ihrer Familie unterbringen.

Ihre neue Unterkunft

Bei der neuen Unterkunft wird gerne viel falsch gemacht. Ja, wenn Sie in Ihre neue Heimat ziehen, brauchen Sie auch dort vier Wände und ein Dach über dem Kopf. Es empfiehlt sich jedoch, nicht direkt von Deutschland aus ein Haus oder eine Wohnung zu kaufen bzw. zu mieten. Es ist immer wichtig, sich das neue Domizil zuerst einmal anzusehen, bevor Sie irgendetwas unterschreiben.

Planen Sie also am Anfang, in einem Hotel oder einer Pension zu wohnen. Lernen Sie das Land und die Leute kennen und bringen Sie in Erfahrung, wie dort Wohnungen vermietet und Häuser gekauft werden. Finden Sie vor allem die Preise und Gepflogenheiten heraus, um nicht betrogen oder übervorteilt zu werden.

Besonders gut ist es, erst einmal Freundschaften vor Ort zu schließen, um die Angebote zu finden, die sich an Einheimische richten. Diese sind sehr viel günstiger und kommen ohne negative Klauseln im Vertrag aus.

Ihre finanzielle Absicherung

Sich im Ausland einen neuen Wohnsitz zu schaffen, kostet Geld. Das nötige Startkapital sollten Sie entweder mitbringen oder planen, ganz klein anzufangen. Vor allem dann, wenn Sie viel Geld mit sich führen, müssen Sie auch die Bestimmungen des Zolls sowohl beim Verlassen Deutschlands als auch bei der Ankunft in Ihrem Gastland beachten. Oft gibt es Vorschriften darüber, wie viele Barmittel mitgeführt und ab welchen Summen diese deklariert werden müssen.

Oft genug brauchen Sie keine großen Barsummen mitzunehmen. Ihre Kreditkarte funktioniert auch im Ausland und Sie können sich Ihr Geld später in Ihre neue Heimat schicken. Damit sind Sie immer auf der sicheren Seite.

Die Altersvorsorge

Denken Sie über Ihre Rente nach. Gerade bei längeren Aufenthalten im Ausland kann es sich lohnen, Geld zur Seite zu legen, richtig zu investieren oder private Versicherungen für spätere Rentenzahlungen abzuschließen. Damit ersparen Sie sich im Alter den Abrutsch in die Armut.

Ihre Dokumente

Bringen Sie wichtige Dokumente mit und haben Sie im Idealfall auch einen Scan davon in der Cloud gespeichert. Dazu gehören Schulzeugnisse, eine Bescheinigung der Heirat, Ihre Geburtsurkunde und dergleichen mehr. Damit können Sie einfacher einen Job finden und auch günstiger besteuert werden.

Ihr Konto in Deutschland

Es wird oft empfohlen, über ein Konto in Deutschland zu verfügen. Dafür sollten Sie zuerst einmal schauen, ob das überhaupt nötig ist. Verfügen Sie über größere Finanzmittel, sollten Sie das Konto zuerst einmal behalten. Sie können dann die Gelder in Ihre neue Heimat überweisen, wenn Sie dort ein Konto eröffnet haben, und danach Ihr Konto in Deutschland auflösen.

Mit der Führung eines Kontos in Deutschland sind auch Kosten verbunden, die Sie sich sparen können. Daher ist es gut, darüber nachzudenken, ob Sie es überhaupt brauchen. Da jedoch das Auflösen auch ohne Probleme schriftlich aus dem Ausland möglich ist, müssen Sie die Entscheidung nicht überstürzen.

Ein Nachsendeauftrag

Es ist immer besser, auch im Ausland postalisch erreichbar zu sein. Das gilt ganz besonders für Amtsschreiben. Daher sollten Sie, wo möglich, einen Nachsendeauftrag einrichten. Ist das nicht möglich, weil zum Beispiel die Post in Ihrer neuen Heimat nicht zuverlässig funktioniert, sollten Sie einen Empfangsbevollmächtigten in Deutschland bestimmen und dessen Adresse bei den Ämtern angeben.

Neue Verdienstmöglichkeiten

Machen Sie sich zumindest bereits Gedanken darüber, wie Sie in Ihrer neuen Heimat Geld verdienen können. Dabei geht es zunächst darum, dass Sie vor Ort einen Job finden. Informieren Sie, wie das geht und welche Berufe sich besonders für Ausländer anbieten.

Alternativ können Sie vor Ort ein Unternehmen eröffnen oder ein Online-Business aufbauen. Dafür brauchen Sie aber ausreichend Finanzmittel, um nicht nur das Geschäft zu eröffnen, sondern auch, um die erste Zeit zu überstehen, bis Sie über ausreichend Einkommen daraus verfügen.

Ihre Verträge in Deutschland

Stellen Sie sicher, dass Sie alle Verträge in Deutschland gekündigt haben. Damit besteht kein Zweifel mehr, dass sich Ihr Lebensmittelpunkt nicht mehr in Ihrer Heimat befindet, so dass Sie dort nicht mehr steuerpflichtig sind. Dazu gehören vor allem Ihre Verträge im Fitnessstudio oder Sportverein, Ihr Mietvertrag und weitere Verträge, die nur im Zusammenhang mit einer physischen Anwesenheit Sinn ergeben.

Was Sie in den ersten Monaten in Ihrer neuen Heimat erledigen sollten

Sind Sie in Ihrem Gastland angekommen, ist die Versuchung groß, zuerst einen Urlaub einzulegen und sich Land und Leute anzusehen. Es gibt jedoch eine Menge zu erledigen, so dass der Urlaub erst einmal ein wenig warten muss.

Eine lokale SIM-Karte

Sie brauchen eine SIM-Karte aus dem Land für Ihr Handy. Damit können Sie mit Behörden, Immobilienmarklern, potenziellen Arbeitgebern und dergleichen kommunizieren. Darüber hinaus können Sie auch so günstig ins Internet gelangen und sich über die Verhältnisse vor Ort inklusive Ihrer neuen Pflichten und Möglichkeiten informieren.

Eine örtliche SIM-Karte erspart Ihnen die Roamingkosten. Sie lässt sich in vielen Fällen direkt am Flughafen erwerben und wird dabei oft genug sofort freigeschaltet. Wo das nicht der Fall ist, dauert die Freischaltung nur maximal 24 Stunden. Dafür kann jedoch Ihr Reisepass und eine Adresse benötigt werden. Für letzteres können Sie die Anschrift Ihres Hotels verwenden.

Ein neues Visum und eine Aufenthaltsgenehmigung

Touristenvisa gelten für 30 Tage bis 3 Monate, je nach Land und Art des Visums. Möchten Sie jedoch länger vor Ort bleiben, brauchen Sie eine Aufenthaltsgenehmigung bzw. ein Business Visum oder Arbeitsvisum. Diese lassen sich verlängern und ermöglichen Ihnen die mehrfache Einreise. Auch können Sie damit einen Beruf ausüben bzw. einer unternehmerischen Tätigkeit vor Ort nachgehen.

Hier ist es wieder von Vorteil, bereits über einen Arbeitgeber zu verfügen. Diese helfen oft und gern bei der Beantragung solcher Visa und Genehmigungen und übernehmen mitunter sogar die damit verbundenen Kosten.

Ihr Einkommen

Sie möchten bestimmt nicht Ihre lang ersparten Rücklagen schnell aufbrauchen. Daher ist es besser, direkt vor Ort so schnell wie möglich mit dem Erwirtschaften eines Einkommens zu beginnen. In vielen Fällen können Jobangebote sogar schon vor der Ausreise eingeholt werden, doch das geht ebenso gut auch vor Ort.

In einigen Ländern stehen Ihnen Jobagenturen zur Verfügung. Auch lohnt es sich vielerorts, potenzielle Arbeitgeber per E-Mail anzuschreiben. In einigen Ländern sind Jobagenturen selten oder wenig verlässlich und niemand liest E-Mails. Dort ist es am besten, den Lebenslauf und ein nettes Anschreiben in Englisch oder der Landessprache auszudrucken und dann direkt bei potenziellen Arbeitgebern vorbeizubringen.

Alternativ können Sie auch sofort mit dem Aufbau eines Unternehmens beginnen. In einigen Fällen kann es jedoch von Vorteil sein, zuerst einmal zumindest einen kleinen Nebenjob anzunehmen. Mit einem gültigen Arbeitsvertrag und bestenfalls sogar einer Gehaltsabrechnung erhalten Sie leichter eine Wohnung. Ebenso lässt sich damit viel leichter ein Bankkonto eröffnen. Niemand kümmert sich in einem solchen Fall darum, ob Sie einen Vollzeitjob oder eine Teilzeitstelle haben. Danach, wenn Sie über ein Bankkonto und einen festen Wohnsitz verfügen, können Sie mit der Gründung eines Unternehmens beginnen.

Als Perpetual Traveler wiederum ist das alles überhaupt kein Problem. Sie haben keinen Wohnsitz und sind nicht auf der Suche nach einem festen Job. Stattdessen bauen Sie sich ein unabhängiges Business im Internet auf.

Eine neue Wohnung

Gewöhnlich wohnen Sie in den ersten Wochen in einem Hotel, Hostel oder Airbnb. Das erscheint ein wenig teurer, doch das gibt Ihnen ein wenig Zeit, Ihren neuen Aufenthaltsort kennenzulernen. Dabei sollten Sie auch herausfinden, welche Wohngegenden gut und welche nicht so gut sind.

Sie werden sich am Anfang bestimmt nicht auch gleich ein Auto oder Moped kaufen wollen. Dementsprechend sollten Sie schauen, welche Gegend über eine gute Anbindung an öffentliche Verkehrsmittel verfügt.

Haben Sie all das in Erfahrung gebracht, wird es Zeit, Termine für die Besichtigung von Wohnungen zu vereinbaren. Das ist in jedem Fall besser, als eine Wohnung von Deutschland aus zu mieten, die Sie noch nie betreten haben. Hier können Sie zu schnell auf tolle Fotos hereinfallen, die nichts mit der Realität zu tun haben.

Für einen neuen Mietvertrag kann es nötig sein, ein laufendes Einkommen nachzuweisen. Auch sollten Sie den Vertrag gut durchlesen. Das kann in manch einer Landessprache problematisch sein. Sie brauchen dann jemanden, der Ihnen die Feinheiten der Klauseln erklären kann. Dazu gehören auch wichtige Details, wie zum Beispiel die Fristen für eine Kündigung und die Regeln bezüglich zukünftiger Mieterhöhungen.

Ihre Wohnung einrichten

Unmöblierte Wohnungen sind natürlich günstiger. Dann kann es jedoch nötig werden, dass Sie für Ihr neues Domizil zuerst einmal eine

Einrichtung beschaffen müssen. Sie sollten sich auch im Vorfeld darüber informieren, wie viel einheimische Möbelstücke kosten. Wenn diese pro Stück zum Beispiel weniger als 50 Euro kosten, macht es keinen Sinn, für eine möblierte Wohnung eine um 100 Euro höhere Miete zu akzeptieren. Diese extra 100 Euro bezahlen Sie jeden Monat und das für viele Jahre. In einem Jahr allein sind das 1200 Euro, für die sich eine Wohnung mit günstigen Preisen für Möbel sehr schnell einrichten lässt.

Ihr Bankkonto

Wie sich ein Bankkonto eröffnen lässt und welche Voraussetzungen dafür gebraucht werden, unterscheidet sich von Land zu Land und darüber hinaus auch von Bank zu Bank. In jedem Fall müssen Sie zumindest Ihre Identität nachweisen. Oft müssen Sie bei der Eröffnung des Bankkontos vor Ort präsent sein und Sie müssen eine Adresse belegen können. Bankkonten von Fintech-Unternehmen wie Wise oder Vivid Money können Sie komplett online eröffnen und Sie benötigen nur Ihren Personalausweis zur Identifizierung.

Mitunter werden weitere Dokumente verlangt, wie zum Beispiel Ihre Abmeldung in Deutschland oder ein Nachweis Ihrer Ausbildung. Ebenso werden ein Arbeitsvertrag und Ihre Aufenthaltserlaubnis gern gesehen. Eine Kopie Ihrer Geburtsurkunde, mitunter sogar beglaubigt, wird auch immer mal wieder verlangt.

Interessant hierbei ist, dass Ihnen in vielen Ländern Ihr Arbeitgeber ein bestimmtes Konto bei einer bestimmten einheimischen Bank vorschreibt. Damit wird Ihre Freiheit eingeschränkt, doch das hilft ungemein bei der Eröffnung eines Kontos. In einem solchen Fall wird

Ihr Arbeitgeber mit der Bank kommunizieren und der Prozess wird für Sie viel leichter ausfallen.

Die Anmeldung beim Einwohneramt

Nicht jedes Land hat ein Einwohneramt, doch viele verfügen darüber. Oft ist es dann möglich, dass Sie sich innerhalb von 3 Monaten dort registrieren. Geschieht das nicht, können empfindliche Strafen auf Sie zukommen.

Ihre Krankenversicherung

Verfügen Sie über keine internationale Krankenversicherung, ist nun die Zeit gekommen, über eine örtliche Absicherung nachzudenken. In vielen Ländern steht es Ihnen frei, ganz ohne Krankenversicherung dort zu wohnen, doch Sie sollten in einem solchen Fall überprüfen, ob sich eventuelle Behandlungskosten in Ihrem finanziellen Rahmen bewegen. Wenn nicht, dann ist eine Krankenversicherung in jedem Fall zu empfehlen.

Wie so oft, so ist auch hier wieder ein Arbeitgeber vor Ort hilfreich. Diese bieten in vielen Fällen mit dem Arbeitsvertrag auch ein Krankenversicherungspaket an. Dabei übernimmt Ihr Arbeitgeber die damit verbundenen Kosten. Die Mitgliedschaft ist in solch einem Fall oftmals verpflichtend, manchmal aber auch nur freiwillig.

Für die lieben Kinder

Haben Sie Kinder, kann es nötig sein, für diese eine Schule oder einen Kindergarten zu finden. Legen Sie dabei Wert auf eine deutsche Ausbildung, gibt es dafür viele Angebote im Ausland. Es lohnt sich aber auch, sich das örtliche Bildungsprogramm genauer anzusehen. Nicht immer ist eine deutsche Ausbildung die beste.

Gewöhnen Sie sich ein

Gerade am Anfang steht auch eine Zeit der Eingewöhnung. Hier ist es vorteilhaft, Kontakte mit der einheimischen Bevölkerung zu schließen und so die Sitten und Gebräuche kennenzulernen. Dabei erfahren Sie auch viel über Ihre Pflichten hinsichtlich der Anmeldung oder eines Visums, durchschnittliche Gehälter und durchschnittliche Mieten.

Am besten ist es, wenn Sie derartige Kontakte sogar schon vor der Ausreise aus Deutschland schließen können. In unserer Heimat gibt es viele Gruppen unterschiedlicher Nationalitäten, denen Sie bei der Eingewöhnung in Deutschland helfen können. Damit finden Sie nicht nur neue Freunde, sondern auch eine große Hilfe beim Auswandern. Oft verfügen die Einwanderer in Deutschland über Freunde und Familie in Ihrem Zielland, welche Ihnen dann bei Ihrer Ankunft gerne weiterhelfen.

Nützliche Internetlinks

Weiterführende Informationen und individuelle Beratung zu allen möglichen Themen des Auswanderns und globalen Lebens: staatenlos.ch

Zusammenfassungen zur Steuerpflicht aller Länder: https://taxsummaries.pwc.com/germany/individual/residence

Online-Eröffnung eines Multiwährungskontos mit IBAN und Karte (nur Personalausweis zur Eröffnung nötig): https://wise.com/de/ oder https://vivid.money/en-eu/

Unabhängige Infos zu privaten Finanzen und autonomer Altersvorsorge: https://www.finanzfluss.de/

Haftungsausschluss

Alle Ratschläge in diesem Buch wurden vom Autor und vom Verlag sorgfältig erwogen und geprüft. Eine Garantie kann dennoch nicht übernommen werden. Eine Haf-tung des Autors beziehungsweise des Verlags für jegliche Personen-, Sach- und Ver-mögensschäden ist daher ausgeschlossen.

Impressum

Zenit Verlagskreis LLC, 30 N Gould St Ste N, 82801 Sheridan
Wyoming, USA
Lektorat: Heidrun Schwinger
Layout & Satz: Jana Schuhmann
1. Auflage 2022

ISBN: 978-3-949675-14-0

Printed in Poland
by Amazon Fulfillment
Poland Sp. z o.o., Wrocław

34626501R00090